国家中等职业教育改革发展示范学校规划教材·物流服务与管理专业

快递客户服务

主编　毕丽丽

主审　王彩娥

中国财富出版社

图书在版编目（CIP）数据

快递客户服务/毕丽丽主编 . —北京：中国财富出版社，2016.10
（国家中等职业教育改革发展示范学校规划教材. 物流服务与管理专业）
ISBN 978-7-5047-6256-6

Ⅰ.①快… Ⅱ.①毕… Ⅲ.①邮件投递—中等专业学校—教材 Ⅳ.①F618.1

中国版本图书馆 CIP 数据核字（2016）第 209487 号

策划编辑	葛晓雯	责任编辑	惠 姗		
责任印制	方朋远	责任校对	梁 凡 张营营	责任发行	敬 东

出版发行	中国财富出版社		
社 址	北京市丰台区南四环西路 188 号 5 区 20 楼	邮政编码	100070
电 话	010-52227568（发行部）	010-52227588 转 307（总编室）	
	010-68589540（读者服务部）	010-52227588 转 305（质检部）	
网 址	http://www.cfpress.com.cn		
经 销	新华书店		
印 刷	北京京都六环印刷厂		
书 号	ISBN 978-7-5047-6256-6/F·2653		
开 本	787mm×1092mm 1/16	版 次	2016 年 10 月第 1 版
印 张	8	印 次	2016 年 10 月第 1 次印刷
字 数	170 千字	定 价	25.00 元

前　言

　　物流服务与管理专业要求学生不仅要熟悉各种物流理论知识，更要掌握物流设备的操作和物流现场的作业流程，对学生的动手实操能力要求非常高。为了提高学生的实践能力，促使教师在教学过程中将工作过程设计成学习过程，实现学生工作与学习的结合，达到促进学生就业、为社会提供合格人才的目的，校企共同研讨开发了该教材。

　　快递客户服务是物流服务与管理专业的一门专业核心课程，主要任务是培养学生熟练掌握快递客户咨询的受理、快递客户业务的处理、快递客户投诉的处理、快递客户关系的维护等技能，同时掌握相关的基本理论。课程目标定位是以学生未来就业岗位的技能培养为宗旨，立足于实际快递业务处理能力培养，对课程内容的选择标准做了根本性改革，打破以知识为主线的传统课程模式，转变为以能力为主线的任务引领型课程模式。该课程紧紧围绕快递客服的日常管理能力要求，针对快递客户服务人员岗位需要，突出对快递业务咨询受理、客户投诉、客户关系的维护等技能点的训练。旨在使学生在完成具体项目的过程中来构建相关理论知识，并发展其职业能力。

　　依据上述课程目标定位，本课程从工作任务、知识要求与技能要求3个维度对课程内容进行规划与设计，以使课程内容更好地与岗位要求相结合。本课程共划分为快递客户咨询的受理、快递客户业务的处理、快递客户投诉的处理、快递客户关系的维护、快递客户服务满意度的提升5个典型工作任务，知识与技能内容则依据工作任务完成的需要进行确定。分析过程中尤其注意了整个内容的完整性，以及知识与技能的相关性，在对知识与技能的描述上也力求详细与准确。

　　本教材由北京市商业学校毕丽丽老师担任主编、北京市商业学校物流交通系主任王彩娥高级讲师担任主审。北京市商业学校李小龙老师、孙明燕老师、于寅虎老师、吕豪老师，北京市络捷斯特科技有限公司张惠等人参与编写工作。在编写过程中，得到了北京市络捷斯特科技有限公司、顺丰速运、中国财富出版社的大力支持和帮助，同时还参阅、借鉴了许多专家和同行的成果，在此一并表示感谢。

　　由于能力、水平和编写时间有限，书中难免有不足之处，敬请广大读者提出宝贵意见和建议，以便进一步修订和完善。

编　者

2016 年 6 月

目　录

项目一　走进快递客户服务

项目导学

　　快递行业发展虽然与市场旺盛的需求有很大关系，但是只有真正把服务质量、安全保障放在第一位的行业，才有持久发展的基础。目前，我国快递市场还处于供不应求的阶段，快递服务的能力远远不能满足经济社会发展和人民群众的需求。质量是企业生存的基础和健康发展的关键，要引导企业在做大的同时也要做强，做强的一个重要指标就是提升服务质量。快递客户服务岗位负责与客户之间的沟通，其服务质量的好坏直接影响到企业的声誉和形象。本项目从认知快递客户服务的内涵开始到了解快递客户服务部门，帮助学生全面了解快递客户服务岗位。

学习目标

- ● **知识目标**

  了解快递客户服务行业的发展历程；

  熟悉快递客户服务岗位的工作内容。

- ● **能力目标**

  能够熟悉客户服务人员工作环境和工作特点；

  能够承担来自客户的压力，保持服务热情。

- ● **情感目标**

  培养学生对快递客户服务岗位的热爱，加深对该岗位的认知；

  养成认真严谨的工作态度和吃苦耐劳的个性品质。

任务一 认知快递客户服务

任务导入

毕业生徐丽通过了解长风快递公司正在发布的求职信息，决定应聘该公司的快递客服代表实习生职位。通过层层面试，徐丽最终如愿以偿获得了该职位。徐丽为了能快速认识该岗位工作，正式上岗前她都应该做哪些知识准备工作呢?

任务分析

针对本任务，徐丽首先需要了解快递客户服务的相关含义、快递客户服务的相关意识和理念；其次掌握快递客户服务的内容，充分理解客户服务管理；最后通过实地考察的方式去了解快递客户服务部门客户服务的工作环境与内容，完成对快递客户服务的认知任务。

任务准备

一、快递客户服务概述

(一) 快递客户服务的含义

所谓快递客户服务，是指快递企业通过一定的方式向其客户及客户的客户(如收件人)等提供服务的过程。通过客户服务，快递企业将自身的良好信誉和形象展现给客户，取得客户乃至行业和社会的良好评价。如图 1-1-1 所示。

图 1-1-1 快递客户服务

（二）快递客户服务的意识及理念

1. 客户服务意识

客户服务意识是快递服务人员发自内心地主动做好服务工作的一种观念和愿望。它是快递客户服务人员的一种本能和习惯，通过不断培养、教育训练可以形成和提高这种意识。客户服务意识以客户价值为导向，而不是以快递企业的利润或快递客户服务人员自身任务作为直接目标。

现代快递企业的竞争，很大程度上是对客户服务的竞争。快递企业对客户服务人员的要求，早已超出了"微笑服务""关怀服务"的范畴，不仅要设身处地为客户着想，还要把客户当作合作伙伴，甚至与客户结成战略同盟。

2. 客户服务理念

如果说客户服务意识更多的是来自快递企业内的客户服务人员的话，那么客户服务理念则是来自于快递企业自上而下的一种集体价值观和群体意识。它和企业文化一样，是快递企业营造的一种客户服务氛围和自觉约束，能够反映出快递企业对客户服务在其发展中的重要性的认识。当快递企业的客户服务人员认同和内化了这种理念后，会无形中影响自身行为。当发现自身行为与企业倡导的服务理念不符时，客户服务人员会自觉地进行控制或调整，从而实现服务水平的提高。

二、快递客户服务的内容

快递客户服务的内容可以分为交易前、交易中和交易后三个阶段，每个阶段都包含不同的服务内容。如图1-1-2所示。

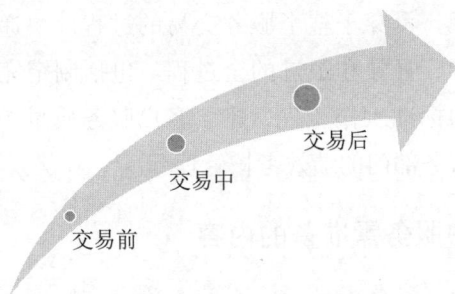

图1-1-2　快递客户服务的内容阶段

1. 交易前的客户服务内容

交易前的内容包括快递企业向客户受理业务前的各种服务要素。这些服务趋向于非常规和与政策相关的活动，有时需要管理部门的介入，如解答客户的服务咨询、公开快递企业的服务质量承诺、进行快递产品介绍等服务。

2. 交易中的客户服务内容

交易中的内容包括快递企业人员从客户处将快件收取后到送交收件人签收全过程的各项服务要素。这些服务与客户有着直接的关系，并且是制定客户服务目标的基础，对客户满意度具有重要影响，如服务交易的便利性、客户查询的及时响应、客户快件的加急处理、客户收派件指令的更改等服务。

3. 交易后的客户服务内容

交易后的内容包括快递企业将客户的快件交付收件人签收后，根据客户要求所提供的后续服务的各项服务要素，如收集客户的反馈意见、处理客户的投诉、处理损坏件及延迟件等的赔偿、进行签收单据的统计与返回等服务。

三、快递客户服务管理

客户服务管理是指企业为了建立、维护并发展客户关系而进行的各项服务工作的总称，其目标是建立并提高客户的满意度和忠诚度、最大限度地开发客户。客户服务管理是了解与创造客户需求，以实现客户满意为目的，企业全员、全过程参与的一种经营行为和管理方式。它包括营销服务、部门服务和产品服务等几乎所有的服务内容。

客户服务管理水平的高低，不仅决定了现有客户能否继续维持下去，而且决定了潜在客户是否能够成为现实的客户。客户服务管理的目的，是使客户服务的行为过程形成规范化、制度化、常规化的客户服务管理体系，提高客户服务的满意度，提升企业客户服务的品牌地位。

快递企业的客户服务管理，同生产企业的产品质量管理一样重要。在整个业务过程中，客户服务无处不在，贯穿于整个服务交易的过程。快递客户服务管理就是对其进行全方位的控制、协调、督导和跟进的全过程，包括制定完善的客户服务管理制度和原则、设计客户服务的标准工作流程、建立客户服务质量控制指标，以及对客户服务人员的培训、对客户服务部门的绩效考核管理等。

四、认知快递客户服务需准备的内容

认知快递客户服务需准备的内容，如表 1 - 1 - 1 所示。

表 1 - 1 - 1　　　　　　　　认知快递客户服务需准备的内容

项目		准备内容
环境准备	设备/道具	电脑、记号笔、笔记本
	主要涉及岗位角色	客户服务人员徐丽
	软件	网络系统、办公软件

项目	准备内容	
制订计划	步骤一	实地考察快递客户服务
	步骤二	了解快递客户服务工作内容

任务实施

步骤一：实地考察快递客户服务

徐丽为了使自己尽快适应第二天的客户服务工作，提前来到了位于家门口的某快递公司服务网点（如图1-1-3所示），准备实地对这家快递公司的客户服务进行考察。

图1-1-3 某快递公司网点

徐丽一进入该网点，前台服务人员就热情招待（如图1-1-4所示）。

图1-1-4 快递公司前台

徐丽向前台客服人员说明了来意后，前台客服人员热情地将徐丽带入该快递公司的客户服务部门，以便让徐丽进一步了解快递客户服务的工作环境（如图1-1-5所示）。

图1-1-5　快递客户服务工作环境

步骤二：了解快递客户服务工作内容

徐丽为了进一步了解客户服务工作，就快递客户服务的工作内容向身边的客户服务人员进行询问。通过客户服务人员的讲解，徐丽绘制出了该公司的快递客户服务工作内容（如图1-1-6所示），并梳理其中具体内容。

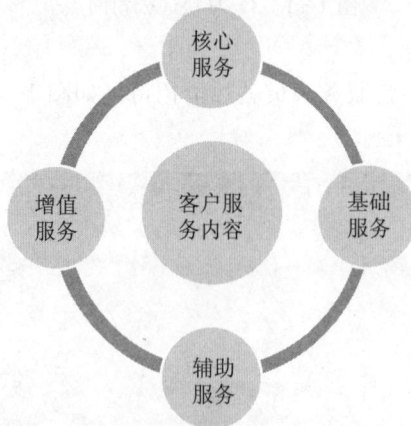

图1-1-6　快递客户服务工作内容

其中，核心服务即订单服务，快递企业的所有业务都是围绕客户的订单而展开的，订单服务包括订单受理、订单传递、订单处理、订单分拣与整合、订单确认和退货处理等过程；基础服务即存储、配送服务，在完成客户订单的业务中，需要有存储与配送等基础服务来配合；辅助服务即包装服务，好的包装是提高快件安全质量的保证；增值服务，即企业在激烈的市场竞争中，为了更进一步迎合客户的需求而提供的多样化延伸服务。

通过对快递企业快递客户服务的实地考察，徐丽对快递客户服务有了一定的认知。

任务评价

姓名			学号		专业			
任务名称			认知快递客户服务					
考核内容		考核标准	参考分值	学生自评（10%）	小组互评（30%）	教师评价（60%）	考核得分	
职业素养评价	1	具有良好的沟通交流能力	10					
	2	具有一定的团队合作精神	10					
	3	完成工作任务时认真负责的态度	10					
理论知识评价	4	了解快递客户服务的含义、服务意识与理念	10					
	5	熟悉快递客户服务的内容	10					
	6	理解快递客户服务管理的内容	10					
技能操作评价	7	能够描述快递客户服务的含义	10					
	8	能够树立正确的客户服务意识与理念	10					
	9	能够理解快递客户服务的内容	20					
总得分			100					

任务拓展

将学生分组，由老师带领对周围的几家快递企业客户服务情况进行调研，并撰写相应的调研报告，如表 1-1-2 所示。

表 1－1－2 　　　　　　　　　　快递客户服务情况调研报告

快递客户服务情况的调研报告		
作者	时间	地点
前言		
一、调研结果		
二、改进措施		
三、总结		
参考文献		

任务二　　了解快递客户服务部门

任务导入

通过对快递客户服务的实地考察，实习生徐丽对快递客户服务已经有了一定认识。在上岗前，客户服务部经理李磊又针对快递部门的组织架构和相关岗位职责组织了一次培训，以便于徐丽对快递客户服务人员日常的工作标准有进一步了解。

任务分析

针对本任务，徐丽需要了解客户服务部门的组织架构，快递客户服务部门的基本职责，以及熟悉客户服务相关岗位的设置与对应的岗位职责。

任务准备

一、快递客户服务部门的组织架构

客户服务部门是联系公司与客户的纽带，是公司的对外窗口。其主要职责为维护客户资源，防止客户流失，提供优质的后继服务。既要在客户中积极推广企业的宗旨、服务、理念、产品，又汲取协调客户的建议、需求、投诉等，使双方在合作中互利互惠、协调发展、和谐共赢。

岗位设置是指根据组织需要，并兼顾个人的需要，规定每个岗位的任务、责任、权力以及组织中与其他岗位关系的过程。客服部门岗位设置是客服部门开展日常工作的基础，岗位设置的主要内容包括工作内容、工作职责和工作关系的设计三个方面。图1-2-1是常见的快递公司客户服务部门的岗位设置。

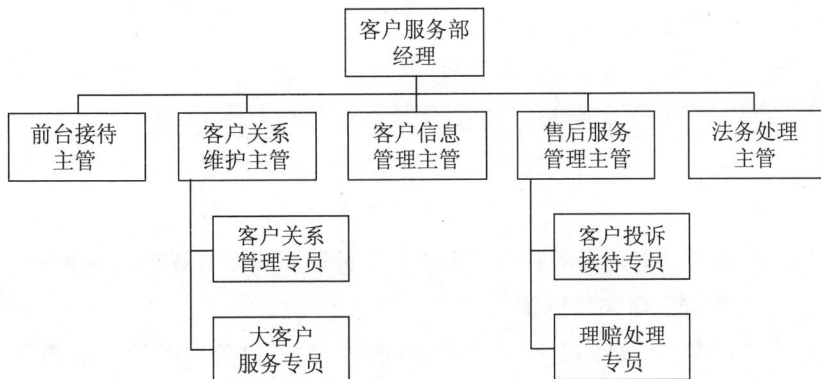

图1-2-1　客户服务部门的组织架构

二、快递客户服务部门基本职责与岗位划分

（一）客户服务部门基本职责

客户服务部门主要负责快递公司的客户服务业务，客户服务、发货信息的收集，客户的投诉、查询和紧急订单处理工作。处理日常发货信息输出，确保快递公司及时处理发货任务。同时负责组织和策划客户服务策略，制定客户服务规范，树立公司品牌，提高客户满意度。

（二）客户服务部门岗位设置及职责

1. 客户服务部经理岗位职责

（1）负责制定客户服务原则与客户服务标准，协助拟定标准的客户服务工作流程规范。

（2）负责管理客户服务部各服务项目的运作。

（3）负责对客户服务部进行培训、激励、评价和考核。

（4）负责对客户有关服务质量投诉与意见处理过程的督办和处理结果的反馈。

（5）负责协调和维护客户服务部门与企业其他各部门的关系。

（6）及时对本部门各项规章制度和工作规范进行检讨、完善。

2. 前台接待主管岗位职责

（1）协助客户服务部经理制定前台服务原则与服务标准，协助拟定标准的服务工作流程与规范。

（2）负责组织前台人员进行来客接待、来客信息核实和服务享受资格验证、协调各种款项缴纳、来客分流和引导。

（3）负责信息确认、条码打印等。

（4）负责对前台服务人员进行培训、激励、评价和考核。

3. 客户关系维护主管岗位职责

（1）制定客户维系原则与客户维系标准，协助拟定标准的客户维系工作流程规范。

（2）负责对客户维护管理进行培训、激励、评价和考核。

（3）负责对企业的客户资源进行统计分析与管理。

（4）负责按照分级管理规定定期对所服务的客户进行访问。

（5）负责按照客户服务部的有关要求对所服务的客户进行客户关系维护。

4. 客户信息管理主管岗位职责

（1）负责制订客户信息调查计划，明确调查目的、对象以及调查的数量，统一调查方法，做到事前充分模拟，有效完成收集资料的工作。

（2）负责客户信息分析工作，对各种客户调查资料的内容、可信度、使用价值等做出分析判断，得出结果后提交上级有关部门，作为决策依据。

（3）负责客户档案管理，对客户资料进行立档，并对客户档案保管使用及档案保密工作提出合理意见。

（4）负责客户信用调查、客户信用度评估，并对客户信用进行分级管理。

5. 售后服务管理主管岗位职责

（1）负责协助制定、修改和实施相关售后服务标准、计划与政策。

（2）负责协助制定售后服务人员的规范用语、岗位职责、服务流程的制定与培训等工作，不断提高客户服务人员售后服务水平和工作效率。

（3）负责售后服务资源的统一规划和配置，对售后服务工作进行指导和监督。

（4）负责收集客户意见和建议，整理、分析和收集反馈数据和信息，分别转送相关部门。

（5）负责对企业服务政策的最终解释，加强与客户的沟通，协助制定和调解售后服务中的纠纷事宜。

6. 法务处理主管岗位职责

（1）监督实施公司各项合同管理制度，如合同管理制度、合同管理考核办法、合同纠纷解决办法、合同审查办法、合同洽谈人员守则等。

（2）合同签订、履行情况的监督检查。

（3）对法务人员进行相关法律培训。

（4）参与重大合同的谈判，维护公司合法权益。

（5）协助有关部门催讨账款。

（6）合同纠纷的处理，参与诉讼。

（7）负责对案件处理，提供法律咨询，处理其他法律事务。

（8）负责起草、修订公司各类合同、律师函，协助其他部门处理法律事务。

7. **客户关系管理专员岗位职责**

（1）负责维护客户关系，包括拜访客户、客户关系评价和提案管理等。

（2）负责与客户日常交往管理，包括客户拜访工作、客户接待工作等，协助巩固企业与客户的关系。

8. **大客户服务专员岗位职责**

（1）负责安排对大客户的定期回访工作。

（2）负责保证企业与大客户之间信息传递的及时、准确、把握市场脉搏。

（3）负责经常性地征求大客户对客户服务人员的意见，及时调整客户服务人员，保证沟通渠道畅通。

（4）负责根据大客户的不同情况，和每个大客户一起设计服务方案以满足客户需求。

（5）负责提议对大客户制定适当的服务优惠政策和激励政策。

9. **客户投诉接待专员岗位职责**

（1）负责协助制定统一的投诉案件处理程序和方法。

（2）负责对客户投诉案件进行登记、移交和督办并协助检查和审核投诉处理通知。

（3）负责协助各部门对客户投诉的原因进行调查，协助开展对客户投诉案件的分析和处理工作，负责填制投诉统计报表。

（4）负责提交客户投诉调查报告，分发给企业有关部门。

（5）负责提交投诉处理中客户反映的意见和跟踪处理结构提交相关部门。

（6）定期向主管领导汇报客户投诉管理工作情况。

（7）负责受理客户投诉，跟踪投诉处理过程，及时回馈客户，并协助做好客户回访工作。

10. **理赔处理专员岗位职责**

（1）对各分支机构的保险理赔工作进行全面的监控和管理。

（2）制定公司保险理赔工作的管理文件。

（3）针对理赔案例中暴露的问题，及时反馈给有关部门，监督其采取纠正和预防措施。

（4）建立公司保险业务资料库，并根据各分支机构提出的保险需求，不断完善。

（5）选择和评价投保的保险公司，负责承运人责任险、财产险等保险的投保、续保及业务保险的投保工作，并根据保险公司的合作情况，决定与其续保或更换。

（6）对各分支机构的保险理赔工作进行指导和咨询，制定公司对车险、财产险的投保标准，并具体办理总公司统一投保的险种的理赔工作。

（7）协助审核、修订销售合同中有关保险索赔条款，协助法务对第三方的追索工作，组织保险知识的培训等。

三、了解快递客户服务部门需准备的内容

了解快递客户服务部门需准备的内容，如表1-2-1所示。

表1-2-1　　　　　　　　了解快递客户服务部门需准备的内容

项目		准备内容
环境准备	设备/道具	电脑、电话、记号笔、笔记本
	主要涉及岗位角色	快递客户服务部门涉及所有岗位
	软件	网络系统、办公软件
制订计划	步骤一	了解快递客户服务部门的组织架构
	步骤二	熟悉客户服务部门岗位设置及职责

任务实施

步骤一：了解快递客户服务部门的组织架构

通过客户服务部门经理李磊的介绍，结合快递公司实际情况，完成客户服务部门组织架构的绘制（如图1-2-1所示）。

步骤二：熟悉客户服务部门岗位设置及职责

经过客户服务部经理对各个岗位设置和职责的讲解，完成以下表格中部分岗位职责内容的填充（如表1-2-2所示），以巩固和客户服务部门岗位有关信息的知识。

表1-2-2　　　　　　　　快递客户服务部门部分岗位的岗位职责

序号	岗位	主要岗位职责
1	前台接待专员	负责来客接待、来客信息核实和服务享受资格验证、来客分流和引导等作业
2	订单处理专员	负责接收客户订单信息并进行系统录入和传递等工作
3	客户关系维护专员	负责客户档案信息管理、客户关系维护等工作
4	客户投诉接待专员	负责处理客户投诉、针对投诉案件提出业务操作问题进行改进
5	大客户服务专员	负责企业关键客户的订单处理业务、投诉理赔业务、客户回访等工作

任务评价

姓名			学号		专业			
任务名称				了解快递客户服务部门				
考核内容		考核标准			参考分值	学生自评（10%）	小组互评（30%）	教师评价（60%）	考核得分
职业素养评价	1	具有团结合作的精神			10				
	2	完成工作任务时认真负责的态度			10				
理论知识评价	3	了解快递客户服务基本职责			10				
	4	熟悉快递客户服务组织结构			15				
	5	熟悉客户服务相关岗位设置与职责			15				
技能操作评价	6	能够绘制快递客户服务部门的组织结构图			20				
	7	能够清楚快递客户服务岗位的岗位职责			20				
总得分					100				

任务拓展

对周围至少两家快递企业进行调研，了解其组织结构形式，并绘制组织架构图；查询几个客户服务相关的岗位需求信息，整理岗位职责和任职要求，撰写相关调研报告。

项目小结

通过项目一的学习，使学生了解快递客户服务行业的发展历程，熟悉快递客户服务岗位的工作内容，掌握快递企业的客户服务部门的组织架构、工作环境和岗位职责等相关内容，从而使学生能够按照要求完成所属工作任务，加深对快递客户服务行业的认知，尽快融入快递企业，为下一个项目的学习打下良好的基础。

实训练习

一、单选题

1. 下列属于快递客户服务交易前的工作内容是（　　）。
A. 公开快递企业的服务质量承诺　　　B. 客户查询的及时响应
C. 客户快件的加急处理　　　　　　　D. 处理客户的投诉

2. 下列属于快递客户服务交易中的工作内容是（　　）。
A. 公开快递企业的服务质量承诺　　　B. 服务交易的便利性
C. 客户快件的加急处理　　　　　　　D. 处理客户的投诉

3. 下列属于快递客户服务交易后的工作内容是（　　）。
A. 公开快递企业的服务质量承诺　　　B. 处理损坏件及延迟件
C. 客户快件的加急处理　　　　　　　D. 服务交易的便利性

4. 负责与客户日常交往管理，包括客户拜访工作、客户接待工作等，协助巩固企业与客户的关系，是（　　）岗位的岗位职责。
A. 售后服务管理主管　　　　　　　　B. 大客户服务专员
C. 客户关系管理专员　　　　　　　　D. 客户投诉接待专员

5. 下列不属于岗位设置的主要内容的是（　　）。
A. 工作内容　　B. 工作职责　　C. 工作关系　　D. 工作任务

二、判断题

1. 客户服务意识是快递服务人员发自内心地主动做好服务工作的一种观念和愿望。（　　）

2. 现代快递企业的竞争，很大程度上是对客户服务的竞争。快递企业对客户服务人员的要求就是"微笑服务""关怀服务"。（　　）

3. 交易前的内容包括快递企业人员从客户处将快件收取后到送交收件人签收全过程的各项服务要素。（　　）

4. 客户服务管理是指企业为了建立、维护并发展客户关系而进行的各项服务工作的总称，其目标是建立并提高客户的满意度和忠诚度、最大限度地开发客户。（　　）

5. 客服部门岗位设置是客服部门开展日常工作的基础，岗位设置的主要内容包括工作内容、工作职责和工作关系的设计三个方面。（　　）

三、简答题

1. 客户服务意识的内涵是什么？
2. 快递客户服务管理的内涵是什么？
3. 简述快递客户服务部门的组织架构。
4. 快递客户服务的内容是什么？

5. 客户关系管理专员的岗位职责是什么?

答案:

一、单选题

1. A　2. C　3. B　4. C　5. D

二、判断题

1. √　2. ×　3. ×　4. √　5. √

三、简答题(略)

项目二　快递客户咨询的受理

项目导学

受理快递客户咨询是快递公司与客户的第一次接触，服务水平的高低会给客户留下深刻印象，进而影响客户的购买行为，同时受理客户咨询人员的语言、举止、行动都代表了公司的综合水平，体现出公司的整体实力。是否能够给客户提供满意服务、专业的解答取决于受理客户咨询人员是否对公司业务具有全面正确的理解。本项目着重从快递客户来访咨询行为规范、电话礼仪等内容进行介绍。

学习目标

- **知识目标**

  了解快递客户接待礼仪、规范用语；

  熟悉快递客户来访咨询流程。

- **能力目标**

  能够掌握客户电话沟通技巧；

  能够根据公司规定顺利完成客户咨询。

- **情感目标**

  培养学生良好的倾听与沟通能力；

  培养学生认真负责的工作态度。

任务一　快递客户来访咨询

任务导入

实习生徐丽经过公司培训后开始轮岗工作。部门经理李磊安排由她负责客户王洋前来长风快递公司进行业务咨询的接待工作。那么徐丽该如何完成经理安排的这项工作呢?

任务分析

针对本任务，徐丽在接待客户前要对从前所学习过的客户来访接待礼仪、客户接待文明礼貌用语、服务禁语及客户来访咨询流程等相关知识进行回忆复习，以便能更好地完成快递客户来访咨询任务。

任务准备

一、快递客户来访接待礼仪

（一）仪容仪表

仪容仪表通常是指人的外观、外貌，其中的重点则是指人的容貌。在人际交往中，每个人的仪容都会引起交往对象的特别关注，并将影响到对方对自己的整体评价。如图 2-1-1 所示。

图 2-1-1　快递客服人员

1. 制服

（1）上班时间必须穿着工作服，佩戴工牌。

（2）工作服必须整洁、平整，纽扣要扣齐，无松脱和掉扣现象。

（3）在公司的工作范围内应穿黑色皮鞋，鞋袜穿戴整齐清洁，鞋带系好，不允许穿鞋不穿袜，女员工应穿肉色丝袜。

（4）不得穿背心、短裤、凉鞋、拖鞋或赤脚上班。

2. 须发

（1）头发必须常洗并保持整洁光鲜，不允许染除黑色以外的其他颜色，不准戴假发。

（2）发式应朴素大方，不得梳理怪异发型。

（3）女员工留长发的，超过衣领的应整齐地梳成发髻，并用公司统一的发卡束发；留短发的，肩膀以上的头发应梳理整齐，不得遮住脸；必要时，可用深色发箍束发。

（4）男员工头发的发梢不得超过衣领，鬓角不允许盖过耳朵，不得留大鬓角，不得留胡须。

3. 化妆

（1）女员工上班应淡妆打扮，不允许浓妆艳抹，避免使用味浓的化妆品。

（2）在指甲上只允许使用无色的指甲油。

4. 首饰

（1）可以戴手表，但颜色必须朴素大方，不可过于鲜艳。

（2）可以戴钉扣型耳环，式样颜色不可夸张，不准佩戴吊式耳环。

（3）工作用笔应放在外衣的内口袋里。

5. 个人卫生

（1）保持手部干净，指甲不允许超过指头两毫米，指甲内部不允许残留污物。

（2）应经常洗澡防汗臭，保持整洁、干净、典雅及职业化的外表。

（3）上班前不允许吃有异味的食品，保持口腔清洁，口气清新。

（4）每天上班前应注意检查自己的仪表，上班时不能在客人面前或公共场所整理仪容仪表，必要时应到卫生间或工作间整理。

（二）来访礼仪

接待来访客户是很多企业的一项经常性工作，而在接待客户中的礼仪表现，不仅关系到自己的形象，还关系到企业的形象。下面介绍来访礼仪知识。

（1）对来访者，应主动上前打招呼并咨询帮助或起身握手相迎。

（2）不能让来访者坐冷板凳。如果自己有事暂不能接待来访者，要安排助理或相关人员接待客人，不能冷落了来访者。

（3）认真倾听来访者的叙述。来访者都是有事而来，因此要尽量让来访者把话说完，认真倾听，切忌打断来访者。

（4）对来访者的意见和观点不要轻率表态，应思考后再作答；对一时不能作答的，要约定一个时间后再主动联系。

（5）对能够马上答复的或立即可办理的事，应当场答复，迅速处理，不要让来访者等待，或再次来访。

（6）正在接待来访者时，有电话打来或有新的来访者，应尽量让助理或他人接待，以避免中断正在进行的接待。

（7）对来访者的无理要求或错误意见，应有礼貌地拒绝，而不要刺激来访者，使其尴尬。

二、客户服务用语与服务禁语

1. 使用客户易懂的话语

接待客户时，最好不要或者尽量减少使用所谓的专业术语。要通俗易懂，要让客户切身感受到你的亲切和友善。

2. 简单明了的礼貌用语

简单明了的礼貌用语应用广泛，当接待客户时，它们更是你必不可少的好帮手。要多说"您好""大家好""谢谢""对不起""请"等礼貌用语，向客户展现你的专业形象。

3. 生动得体的问候语

所谓的服务用语就是重点表现出服务意识的语言，比如"有没有需要我服务的？有没有需要我效劳的"这样的问候语既生动又得体，需要每个服务人员牢记于心、表现于口。

4. 顺应顾客，与其进行适度的交谈

顺应客户强调的是顺着客户的心理与其进行适度的交谈。比如，当客户说："对不起，请问你们总经理在不在？"接待人员应该马上回答："您找我们总经理吗？请问贵公司的名称？麻烦您稍等一下，请这边走。"与此同时，要自然展现出合宜的肢体语言。

5. 充满温馨关怀的说话方式

要学会根据环境变换不同的关怀话语，拉近你与客户之间的距离，让其产生宾至如归的感觉。

6. 避免使用服务禁语与不当言辞

在接待客户时，要时刻牢记避免使用服务禁语和不当言辞，以免对客户产生不好的影响。常见的服务禁语如下：

（1）避免使用"不行""不知道""不可以"等话语。

（2）接电话时避免使用类似"你找谁？你有什么事"等话语。

（3）与客户沟通过程中避免责问、训斥或反问客户，例如"刚才已经跟你说过了，怎么还问""我怎么知道""你要我怎么样""你听不懂我的意思吗""我就是这个态度"等。

三、快递客户来访咨询流程

（1）在接到客人来该通知时，须问明来访时间、来访目的、来访人员及联系电话。

（2）在客人来访约定的时间前，提前对客人具体到达的时间进行确认，以做好充分的接待准备工作。

（3）若来访客户是老客户，则在客人来访之前，应对客户档案信息进行收集和了解。

（4）若到访客户是新客户，则针对公司简介对其进行介绍，对公司主要业务内容进行大概描述介绍。

（5）客户来访咨询结束时，需将客户送至门口。

四、快递客户来访咨询需准备的内容

快递客户来访咨询需准备的内容，如表 2-1-1 所示。

表 2-1-1 　　　　　　　　　　快递客户来访咨询需准备的内容

项目		准备内容
环境准备	设备/道具	电脑、电话、记号笔、笔记本、客户档案
	主要涉及岗位角色	快递客户服务人员、客户王洋
	软件	网络系统、办公软件
制订计划	步骤一	规范着装
	步骤二	收集整理来访客户资料信息`
	步骤三	客户来访接待
	步骤四	介绍公司业务内容
	步骤五	来访咨询结束

任务实施

步骤一：规范着装

根据长风快递公司对客户服务人员的形象礼仪规范要求，徐丽在接待客户前需身着统一工作服，胸前佩戴公司工牌，整理自身仪容仪表。如图 2-1-2 所示。

步骤二：收集整理来访客户资料信息

为了保证客户来访咨询工作的顺利展开，在客户来访前徐丽需要对客户王洋的相关信息资料进行收集，包括对客户姓名、性别、来访时间、联系方式、来访目的和来访单位或地址的信息进行了解整理，整理后的客户资料如表 2-1-2 所示。

图 2-1-2　客服人员着装要求

表 2-1-2　　　　　　　　　　　　　客户资料信息

来访人姓名	性别	来访时间	联系电话	来访目的	来访人住址
王洋	男	2015.02.23	25895568	快递业务咨询	西安市沣惠南路

步骤三：客户来访接待

客户王洋来到公司时，徐丽需根据公司规定的相关接待礼仪，对其进行接待。

步骤四：介绍公司业务内容

根据客户来访的目的，徐丽有针对性地向客户介绍公司的相关服务与资费内容。

步骤五：来访咨询结束

客户来访咨询结束后，徐丽要将客户送至门口，并目送其离开。

任务评价

姓名		学号		专业				
任务名称		快递客户来访咨询						
考核内容		考核标准		参考分值	学生自评（10%）	小组互评（30%）	教师评价（60%）	考核得分
职业素养评价	1	具有良好的沟通交流能力与一定的团队合作精神		10				
	2	完成工作任务时认真负责的态度		10				

续 表

考核内容		考核标准	参考分值	学生自评 (10%)	小组互评 (30%)	教师评价 (60%)	考核得分
理论知识评价	3	掌握快递客户来访接待礼仪	10				
	4	掌握快递客户接待用语与服务禁语	10				
	5	掌握客户来访咨询处理流程	10				
技能操作评价	6	能够在客户服务前根据公司要求整理自身仪容仪表	10				
	7	能够使用恰当的接待礼仪和用语接待客户	20				
	8	能够独立接待客户的来访咨询	20				
总得分			100				

任务拓展

将学生分组，分别扮演客户服务人员和客户，就客户来访咨询任务设计业务处理情景，设计本组情景模拟剧本，根据所学知识，完成客户来访咨询业务处理的情景模拟，并由老师对各小组表演进行指导和点评。

任务二　快递客户电话咨询

任务导入

客户王洋经过上次的来访咨询对长风快递公司的业务有了一定了解，但对资费计算方法还是有些疑惑，于是又打电话前来咨询。那么实习生徐丽该怎样处理这则电话咨询业务呢？

任务分析

要完成该任务，徐丽需要掌握电话沟通技巧和接听电话注意事项等相关知识。

任务准备

一、电话沟通技巧

1. 左手持听筒，右手拿笔

大多数人习惯右手拿起电话听筒，但是，在与客户进行电话沟通过程中往往需要做必要的文字记录。在写字的时候一般会将话筒夹在面部与肩部之间，但要避免电话因夹不住而掉下来发出刺耳的声音，从而给客户带来不好的印象。如图 2-2-1 所示。

图 2-2-1　用面部与肩部夹电话

为了消除这种不良现象，建议左手拿着话筒，右手写字或者操作电脑，这样可以轻松自如地达到与客户沟通的目的。

2. 电话铃声响过两声之后接听电话

电话一般在铃声响两下的时候接听，如果超过三声之后仍然无人接听，客户往往会认为这个公司员工的精神状态不佳。

3. 报出公司或部门名称

在电话接通之后，接电话者应该先主动向对方问好，并立刻报出本公司或部门名称。

4. 确定来电者身份姓氏

接下来还须确定来电者的身份。很多规模较大的公司电话都是通过前台转接到内线的，如果接听者没有问清楚来电者的身份，在转接的过程中遇到问题就难以回答清楚，从而浪费了宝贵的时间。

5. 听清楚来电目的

了解清楚来电的目的，有利于采取适宜该电话的处理方式。

6. 注意声音和表情

沟通过程中表现出来的礼貌最能体现一个人的基本素养，养成礼貌用语随时挂在嘴边的习惯，能让客户感到轻松和舒适。

7. 保持正确姿势

接听电话过程中应该始终保持正确的姿态。一般情况下，当人的身体稍微下沉，丹田受到压迫时容易导致声音无法发出。因此，保持端正的姿态，尤其是不要趴在桌面上，这样可以使声音自然、流畅和动听。此外，保持笑脸也能够使客户感受到你的愉悦。

8. 复诵来电要点

电话接听完毕之前，不要忘记复诵一遍来电的要点，防止记录错误或者偏差而带来误会，导致工作效率下降。

9. 最后道谢

最后的道谢是基本的礼仪。来者是客，以客为尊，千万不要因为不直接面对电话客户而不搭理客户。

10. 让客户先收线

不管是什么行业，打电话和接电话的过程中都要牢记让客户先收线。因为一旦先挂上电话，对方一定会听到"嘟嘟"的声音，这会让客户感到不舒服。因此，在电话即将结束时，应该礼貌地请客户先收线。

二、接听电话注意事项

电话咨询，如图 2-2-2 所示。

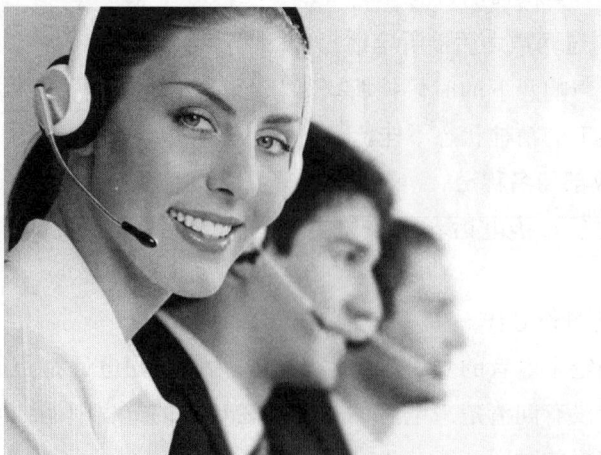

图 2-2-2 电话咨询

（1）专心应对，切忌词不达意。

（2）对答过程勿装腔作势。

（3）勿因人而改变通话语气。

（4）最多让来电者稍候七秒。

（5）不要大声回答问题。

（6）勿对拨错电话者咆哮。

（7）转接电话应给同事预留弹性空间。

（8）切勿同时接听两个电话。

三、快递客户电话咨询需准备的内容

快递客户电话咨询需准备的内容，如表 2-2-1 所示。

表 2-2-1　　　　　　　　快递客户电话咨询需准备的内容

项目		准备内容
环境准备	设备/道具	电脑、电话、记号笔、笔记本
	主要涉及岗位角色	快递客户服务人员、客户王洋
	软件	网络系统、办公软件
制订计划	步骤一	前期准备工作
	步骤二	接听电话
	步骤三	处理客户咨询
	步骤四	结束通话

任务实施

步骤一：前期准备工作

作为业务咨询人员，徐丽在上岗前需要调整好心态，迅速进入工作状态。并准备好公司业务相关资料、笔、记事本以及客户电话咨询登记表等。

步骤二：接听电话

在来电铃声两声过后，左手拿起听筒，右手执笔，并主动报出公司名称："您好，欢迎致电长风快递公司客户服务部。"

步骤三：处理客户咨询

客户王洋表示在上次的来访咨询中对服务资费计算方法还有些疑惑，于是实习生徐丽就此问题进行介绍，并表现出积极促使该业务达成的迫切愿望。长风快递公司收费标准如表 2-2-2 所示。

表 2-2-2　　　　　　　　　　长风快递公司收费标准

区域	地区	首重价格（元/千克）	续重价格（元/千克）
一区	浙江、上海、江苏	6	2
二区	安徽、广州、福建、山东、湖北、湖南、江西	13	10
三区	北京、天津、辽宁、河北、河南、吉林、	16	10
四区	四川、广西、贵州、海南	18	15
五区	黑龙江、山西、陕西、甘肃、云南、内蒙古、宁夏、重庆	20	15

步骤四：结束通话

徐丽在确定了客户王洋的问题得到解决后，对其道谢："非常感谢您的来电，祝您生活愉快！"并让客户先挂断电话，随即结束通话，完成客户电话咨询业务。

任务评价

姓名		学号		专业	
任务名称		快递客户电话咨询			

考核内容		考核标准	参考分值	学生自评（10%）	小组互评（30%）	教师评价（60%）	考核得分
职业素养评价	1	具有良好的沟通交流能力	15				
	2	完成工作任务时认真负责的态度	15				
理论知识评价	3	掌握电话沟通技巧	15				
	4	掌握接电话过程中需注意的事项	15				
技能操作评价	5	能够顺利与客户进行电话沟通	20				
	6	能够独立完成客户的电话咨询业务	20				
总得分			100				

任务拓展

将学生分组，分别扮演客户服务人员和客户，就客户电话咨询任务设计业务处理情景，设计本组情景模拟剧本，根据所学知识，完成客户电话咨询业务处理的情景模拟，并由老师对各小组表演进行指导和点评。

项目小结

通过项目二的学习，使学生了解快递客户受理的基本流程，学会倾听与沟通，掌握电话礼仪和客户接待礼仪，为今后工作打下良好的基础。

实训练习

一、单选题

1. 仪容仪表通常是指人的外观、外貌，其中的重点则是指（　　）。

A. 人的容貌　　　B. 人的服装　　　C. 人的身高　　　D. 人的卫生

2. 客户服务用语中应避免使用（　　）。

A. 谢谢　　　B. 不知道　　　C. 您好　　　D. 对不起

3. 电话一般在铃声响两下的时候接听，如果超过（　　）声之后仍然无人接听，客户往往会认为这个公司员工的精神状态不佳。

A. 1　　　B. 2　　　C. 3　　　D. 4

4. （　　）是基本的礼仪。

A. 道谢　　　B. 道歉　　　C. 倾听　　　D. 阅读

二、判断题

1. 不管是什么行业，打电话和接电话过程中都要牢记让客户后收线。（　　）

2. 在电话接通之后，接电话者应该先主动向对方问好，并立刻报出本公司或部门名称。（　　）

3. 在接到客人来访通知时，须问明来访时间、来访目的、来访人员及联系电话。（　　）

4. 在客人来访约定的时间前，提前对客人具体到达的时间进行确认，以做好充分的接待准备工作。（　　）

三、简答题

1. 简述接听电话注意事项。

2. 简述客户服务用语与服务禁语。

答案：

一、单选题

1. A　2. B　3. C　4. A

二、判断题

1. ×　2. √　3. √　4. √

三、简答题

1. 答：专心应对，切忌词不达意；对答过程勿装腔作势；勿因人而改变通话语气；最多让来电者稍候七秒；不要大声回答问题；勿对拨错电话者咆哮；转接电话应给同事预留弹性空间；切勿同时接听两个电话。

2. 答：①使用客户易懂的话语；②简单明了的礼貌用语；③生动得体的问候语；④顺应顾客，与其进行适度的交谈；⑤充满温馨关怀的说话方式；⑥避免使用服务禁语与不当言辞。

项目三　快递客户业务的处理

项目导学

快递客户业务的处理包括前台客户服务、呼叫中心电话沟通及网络客户服务。前台客服人员可以代表整个公司给客户的首次印象，关系到公司的整体形象。快递公司的前台服务不仅仅要具备接待客户的能力，同时要处理客户的寄件，并需要进行客户信息分类整理，因此更是不可多得的锻炼机会，对公司来讲也至关重要。呼叫中心是一个促进企业营销、市场开拓并为客户提供友好的交互式服务的管理与服务系统。它作为企业面向客户的前台，面对的是客户，强调的是服务，注重的是管理，充当理顺企业与客户之间的关系并加强客户资源管理和企业经营管理的渠道。随着互联网的普及，网络客户服务能力也逐渐成为员工必须掌握的技能。网络客户服务可提供更高层次的服务，也可以使网上客户寻求服务的主动性增强。

本项目分别从前台客户服务、呼叫中心电话沟通及网络客户服务三个方面进行讲解，帮助学生了解岗位职责，熟悉工作流程并掌握为客户进行业务处理的技能。

学习目标

- 知识目标

理解前台接待含义和技巧；

掌握前台接待的处理流程；

理解呼叫中心的概念和基本功能；

掌握呼叫中心的业务流程；

理解网络客户服务的概念和特点；

熟悉网上订单一般业务内容；

掌握网上订单业务处理流程。

- 能力目标

能够单独完成前台订单受理业务；

能够完成呼叫中心客户服务工作；

快递客户服务

能够独立完成网上订单业务的处理，审核客户订单信息，处理客户反馈的问题。

● 情感目标

培养学生良好的沟通交流能力与团队合作精神；

培养学生业务处理过程中自我情绪的掌控与调节能力。

任务一　前台客户服务

任务导入

2015年3月2日，经理李磊安排徐丽到前台进行轮岗学习。下午，客户张磊来到长风快递公司表示要将手中的一份商业资料以快件的形式寄发出去。徐丽作为前台接待人员，她该如何为客户张磊办理相关业务呢？

任务分析

该任务的基本内容是进行前台客户订单的受理，同时做好客户的接待工作。需要掌握前台接待技巧、前台订单受理基本流程，并根据前台业务受理的基本流程进行行业务受理。

任务准备

一、前台概述与基本职责

前台，通常是指公司的服务台，是一个公司给人的第一印象，前台客服人员可以代表整个公司给客户的首次印象。前台可以称为公司的第一张脸，前台的工作在公司的整个运行链中居于重要地位，甚至关系到公司的整体形象和业务开展的成败。前台的工作是一种对信息的接收、归纳分解以至处理的过程。大多数公司的前台接触信息量很大，练就了一个人分析问题、解决问题的能力，短时间可以让一个人获得快速的成长。所以，前台的工作对个人来说是不可多得的锻炼机会，对公司来讲也至关重要，一荣俱荣，一毁俱毁。因此，每个前台服务人员都必须严格要求自己，树立公司良好形象。如图3-1-1所示。

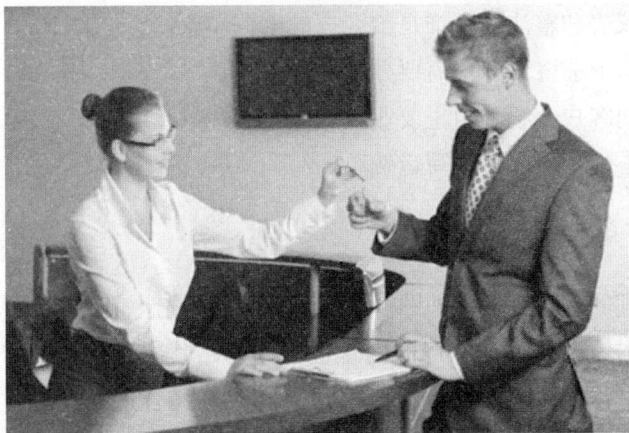

图 3-1-1　前台接待

前台服务人员的工作职责主要包括：

（1）负责前台客户的咨询工作，重要事项认真记录并传达给相关人员，不遗漏、延误。

（2）负责前台客户订单的受理工作，做好订单信息的详细记录，并通知相关的部门和人员。

（3）负责前台客户投诉的受理工作，安抚客户情绪，做好订单信息的详细记录，并通知相关的部门和人员。

（4）负责来访客户的接待和引见，严格执行公司的接待服务规范，保持良好的礼节礼貌。

（5）负责公司前台或咨询接待室的清洁及桌椅摆放，并保持整洁干净。

（6）接受前台接待主管工作安排并协助其做好其他工作。

二、前台接待的任职要求与接待技巧

1. 前台接待的任职要求

（1）有良好的职业形象和气质，懂得基本的前台接待礼仪。

（2）普通话标准流利，语言表达能力强，善于沟通，有亲和力，有较强的保密意识。

（3）熟悉行政、办公室管理相关工作流程，具有良好的沟通、协调和组织能力。

（4）熟练使用办公自动化设备、办公软件及公司订单处理系统。

（5）良好的团队合作能力，具有高度的责任心，工作积极主动。

2. 前台接待技巧

接待前来公司客户以及办理前台订单业务是快递客服人员的职责之一。客服人员办理客户订单和接待客户时需掌握以下几点。

(1) 端庄的仪表和整洁的服饰是给客户的第一印象。
(2) 主动热情上前咨询客户需要办理的业务。
(3) 耐心地向客户介绍公司主要业务。
(4) 认真耐心地指导客户填写运费单。

三、前台订单受理

前台订单受理的基本流程，如图3-1-2所示。首先，前台客服人员对客户进行接待，记录客户基本信息后对客户寄件信息进行询问；其次，就客户需求对公司相关业务、资费等信息进行介绍，根据客户要求帮助客户选择合适的寄件方式，得到客户确认后进行订单的接收处理；最后，对所寄物品进行包装称重，收取相应的运费，将订单信息贴至包装上，完成前台订单的受理。

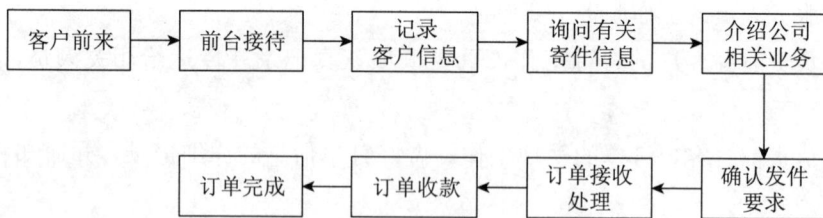

图3-1-2 前台订单受理流程

四、处理前台订单需准备的内容

处理前台订单需准备的内容，如表3-1-1所示。

表3-1-1　　　　　　　处理前台订单需准备的内容

项目		准备内容
环境准备	设备/道具	电脑、电话、记号笔、笔记本、电子秤、其他模拟物品
	主要涉及岗位角色	前台服务人员、客户张磊
	软件	网络系统、办公软件
	涉及单据	快递单、客户信息档案
制订计划	步骤一	接待客户并记录信息
	步骤二	业务咨询与介绍
	步骤三	指导客户填写订单
	步骤四	订单计重收款
	步骤五	订单录入与完成

任务实施

步骤一：接待客户并记录信息

前台客服徐丽运用合适的前台接待技巧接待前来办理业务的客户张磊，并对客户信息进行了记录，以便于日后客户关系的维护（如表3-1-2所示）。

表3-1-2　　　　　　　　　　　　客户信息档案

来访人姓名	性别	来访时间	联系电话	办理业务	来访人住址
张磊	男	2015.03.02	65595678	寄发快件	西安市沣惠南路

步骤二：业务咨询与介绍

客户张磊表示他要将手中的一份商业资料以快件的形式寄发出去，于是徐丽就长风快递公司寄发快件的收费标准信息对张磊进行了介绍（如表3-1-3所示）。

表3-1-3　　　　　　　　　　　　长风快递公司收费标准

区域	地区	首重价格（元/千克）	续重价格（元/千克）
一区	浙江、上海、江苏	6	2
二区	安徽、广州、福建、山东、湖北、湖南、江西	13	10
三区	北京、天津、辽宁、河北、河南、吉林	16	10
四区	四川、广西、贵州、海南	18	15
五区	黑龙江、山西、陕西、甘肃、云南、内蒙古、宁夏、重庆	20	15

步骤三：指导客户填写订单

前台客服徐丽根据客户要求帮助客户选择合适的寄件方式，并得到客户确认后，需要指导客户填写相应快递单信息，包括收货人姓名、地址、联系电话、寄件人信息以及所寄物品名称等（如图3-1-3所示）。

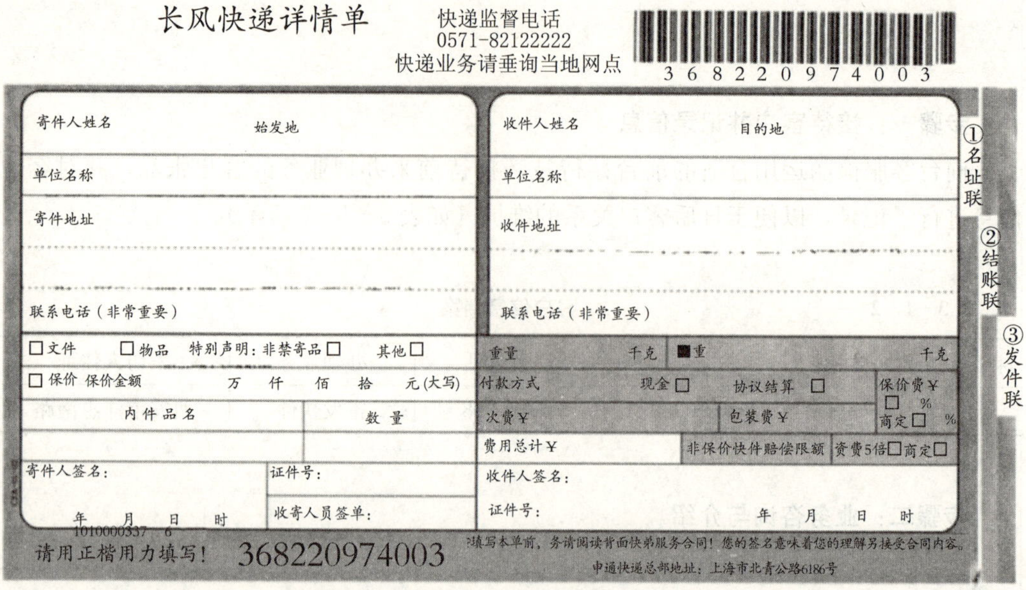

长风快递详情单　　快递监督电话
0571-82122222
快递业务请垂询当地网点

3 6 8 2 2 0 9 7 4 0 0 3

寄件人姓名	始发地		收件人姓名	目的地	
单位名称			单位名称		
寄件地址			收件地址		
联系电话（非常重要）			联系电话（非常重要）		

①名址联 ②结账联 ③发件联

☐文件　　☐物品　特别声明：非禁寄品☐　其他☐

☐保价 保价金额　　万 仟 佰 拾 元(大写)

内件品名　　　　数 量

重量	千克	■重	千克
付款方式	现金☐	协议结算☐	保价费 ☐ %
次费￥		包装费￥	商定☐ %
费用总计￥		非保价快件赔偿限额	资费5倍☐商定☐

寄件人签名：　　　证件号：
　年　月　日　时　　收寄人员签单：

收件人签名：　　　证件号：
　年　月　日　时

1010000337　6
请用正楷用力填写！　368220974003

*填写本单前，务请阅读背面快弟服务合同！您的签名意味着您的理解并接受合同内容。
中通快递总部地址：上海市北青公路6186号

图 3 - 1 - 3　快递详情单

步骤四：订单计重收款

　　快递详情单填写好之后，前台客服徐丽对客户张磊所需寄发的资料进行装袋包装并称重，计算运费并将运费填至订单上，向张磊收取相应运费后，将快递详情单贴在包装表面，并放置在待发件区域，等待发运。快递物流专用秤，如图 3 - 1 - 4 所示。

图 3 - 1 - 4　快递物流专用秤

步骤五：订单录入与完成

　　前台客服徐丽将客户张磊送出门后，需要将张磊的前台订单信息录入客户订单管理系统（如图 3 - 1 - 5 所示）。至此前台订单受理业务完成。

长风快递客户订单管理系统

运输方式									自编货号	

运价号：3

发 站			发货单位	名称			电话			
经 由				地址			运费结算方式	☐ 提付　☑ 现付　☐ 回单结算		
到 站			收货单位	名称			电话			
				地址			特服约定	☐ 送货费另计　☑ 自提　☐ 送货		

货物名称	包装	件数	重量	体积	货物价值	运费	保险费	杂费	送货费	代收货款	合计

合计人民币(大写)		￥ 0	☑ 全程运费　☐ 中转另计

制单：_____　　收款：_____　　托运人：_____　　收货人：_____

[保存]　[取消]　[打印]　[另存为]　　　　　　发票号

图 3-1-5　订单录入

任务评价

姓名		学号		专业	

任务名称		前台客户服务					

考核内容		考核标准	参考分值	学生自评(10%)	小组互评(30%)	教师评价(60%)	考核得分
职业素养评价	1	具有良好的沟通交流能力与一定的团队合作精神	10				
	2	完成工作任务时认真负责的态度	10				
理论知识评价	3	理解前台接待含义	10				
	4	掌握前台接待的技巧	10				
	5	掌握前台接待的处理流程	10				
技能操作评价	6	能够指导客户填写快递详情单	15				
	7	能够熟练使用电子秤	15				
	8	能够单独完成前台订单受理业务	20				
总得分			100				

任务拓展

将学生分组，分别扮演前台客户服务人员和客户，就客户前台寄件任务设计前台订单处理情景，设计本组情景模拟剧本，根据所学知识，完成客户前台订单业务处理的情景模拟，并由老师对各小组表演进行指导和点评。

任务二　呼叫中心电话沟通

任务导入

2015 年 3 月 5 日，实习生徐丽被安排至呼叫中心话务员岗位轮岗。而客户孙腾想要查询几日前通过长风快递寄出的快件信息，于是致电长风快递呼叫中心，并提供了快递单号为 57451565455845，想要通过电话沟通的方式来查询快件目前状况。那么徐丽该如何完成该业务呢？

任务分析

要顺利完成呼叫中心话务员岗位的日常业务，需要先对呼叫中心的概念进行了解，熟悉呼叫中心的主要功能，掌握呼叫中心的整体业务操作流程。

任务准备

一、呼叫中心概述

呼叫中心就是在一个相对集中的场所，由一批服务人员组成的服务机构，利用现代通信与计算机技术，如 IVR（交互式语音 800 呼叫中心流程图应答系统）、ACD（自动呼叫分配系统）等，处理来自企业、顾客的电话垂询，可将来电自动分配给具备相应技能的人员处理，并能记录和储存所有来电信息。一个典型的以客户服务为主的呼叫中心可以兼具呼入与呼出功能，在处理顾客的信息查询、咨询、投诉等业务的同时，还可以进行顾客回访、满意度调查等呼出业务。

从管理方面，呼叫中心是一个促进企业营销、市场开拓并为客户提供友好的交互式服务的管理与服务系统。它作为企业面向客户的前台，面对的是客户，强调的是服务，注重的是管理。充当理顺企业与客户之间的关系并加强客户资源管理和企业经营管理的渠道。它可以提高客户满意度、完善客户服务，为企业创造更多的利润。

从技术方面，呼叫中心是围绕客户采用计算机电话集成技术建立起来的客户服务中心；对外提供话音、数据、传真、视频、因特网、移动等多种接入手段，对内通过计算机和电话网络联系客户数据库和各部门的资源。

图 3 - 2 - 1　呼叫中心

二、呼叫中心的一般功能

1. 通信管理

（1）来电弹屏：客户来电时会迅速弹出订单页面、历史订单记录。坐席可以快速下订单，完成订单动作。

（2）录音功能：提供所有呼入和呼出电话的通话录音，方便确认订单沟通内容或者处理一些咨询和投诉。

2. 回电管理

（1）回电号码生成：当系统订单电话超出接线员人数时，系统会立即启动电脑席自动记录客户电话，即电话繁忙时，系统自动播放："坐席繁忙，我们将稍后跟您联系，请挂机。"

（2）申请回电：坐席人员在电话相对空闲时，可以主动申请需要回电的客户号码，系统将根据时间先后或优先级自动分配一个号码给该坐席人员，同时接通客户电话，弹出相应的服务资料。

3. 订单管理

（1）订单录入：呼叫中心系统提供订单快速录入功能，订单内容至少有订购的客户名称、订购的产品、数量、金额和订购方式，客户资料不仅包含客户的电话，还有客户所在城市、客户的详细地址，订购信息、产品信息以及其他的附加信息。

某呼叫中心的辅助客户下单流程，如图 3-2-2 所示。

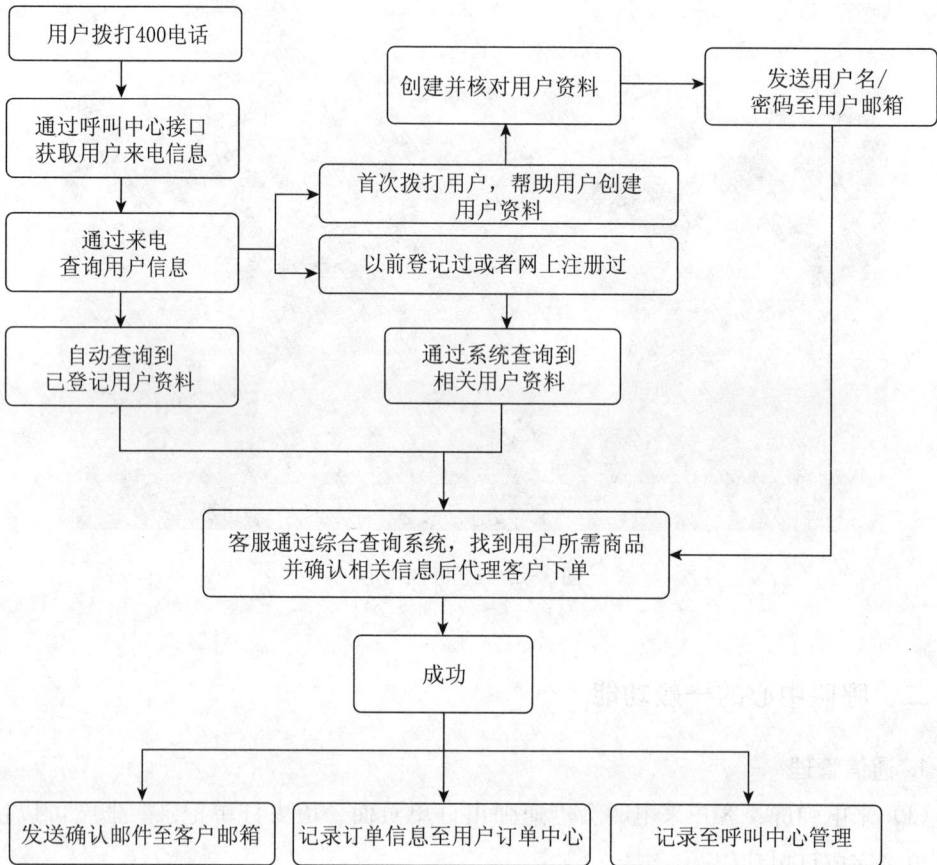

图 3-2-2 呼叫中心辅助客户下单

（2）订单分拣：订单分拣是产品进入物流前的必经环节，起到对物流的总体调度作用。系统认为订单的分拣日期即是订单的交寄日期，订单分拣的使用人员为管理员。同时通过分拣审核过程，还可以剔除一些无效订单。

4. 综合查询

提供订单号和客户资料的快速查询功能，可以根据分类非常灵活的自定义查询条件。

5. 知识库（FAQ）

FAQ 可以看作是一个产品知识管理、订单受理、服务流程处理、接线员沟通话术的中心，收集各种产品的常见问题和服务中用户经常遇到的问题，对主要问题的应答策略，给话务员在处理业务问题时提供一个标准的回答方式，进而扩展到最新消息的及时更新，使客服部门和公司其他部门保持同步。

6. 投诉处理

接听客户的投诉电话，进行投诉的受理。负责客户投诉的处理、跟踪与督促，防止客户投诉升级；及时收集投诉客户反馈信息，整理投诉案例，对投诉信息进行汇总整理，并定期提交投诉分析报告；根据客户投诉分析，提出合理化的改善建议；负责客户投诉业务知识培训，协调公司及同业之间客户投诉处理相关知识的交流与共享；保管公司、客服中心投诉数据、投诉相关报告等材料。

7. 产品管理

有些公司产品多种多样，系统需要根据产品的销售情况实时对产品进行添加、修改，或者设置产品的销售状态。为了减少话务员界面的无用数据，当一种产品停播时，在订购界面的前端就不应该看到该产品。产品管理模块是系统的基础模块，是各项业务开展的最底层数据来源。

8. 统计报表

报表分析是非常重要的功能之一，呼叫中心提供的报表主要有以下几种。

(1) 电话流量的统计：电话流量的统计是按照月、周、日来统计查询的。系统会根据选定的时段统计出在这一个时段内电话打入的曲线图。

(2) 业绩统计：按照分公司、部门、组及个人统计并查询出在某段时间内接电话的个数、工作的时间、空闲的时间、销售业绩、退货次数、投诉次数的比重。

(3) 订单及财务统计：根据输入的时段统计并查询出公司所有订单的数量，并绘制曲线图；根据输入的时段统计并查询出某个产品的销量情况，并绘制曲线图；根据输入的时段统计并查询出公司的收入情况，并绘制曲线图。

9. 权限管理

权限管理主要实现对系统访问权限的控制、检查，确保系统的操作安全性，防止接线员、快递公司人员非法获取公司核心的客户资料。

三、呼叫中心业务流程

呼叫中心作为快递公司客户服务部的重要组成部分，其业务内容主要包括：业务咨询、业务受理、业务查询、投诉处理、客户关系管理等。客户通过拨打电话进入呼叫中心系统，系统相关的客服人员为客户完成所需的业务。

常见的呼叫中心整体业务流程，如图 3-2-3 所示。

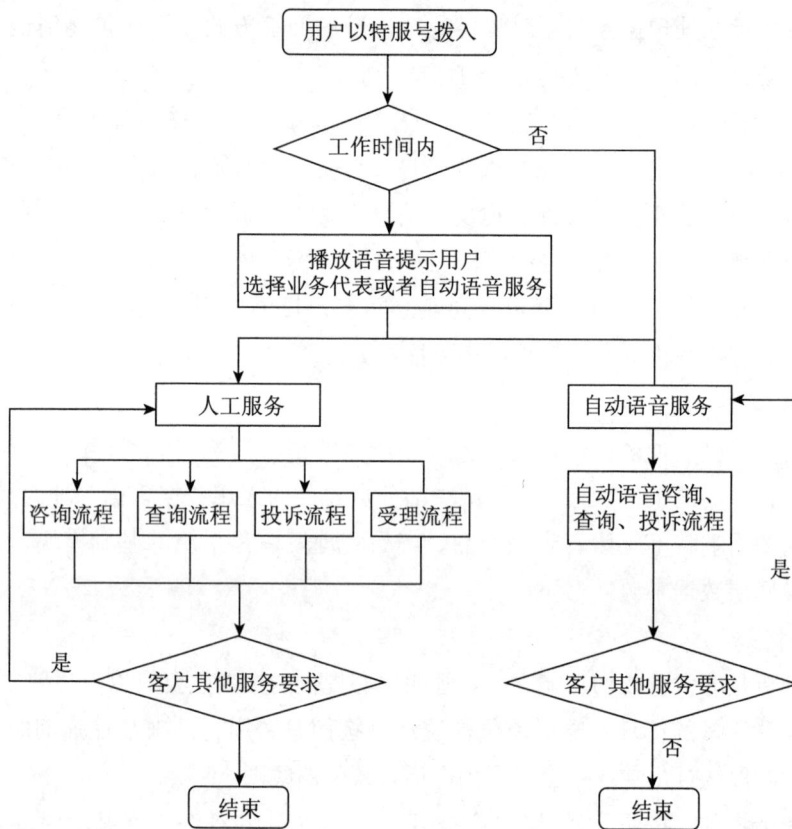

图 3-2-3　呼叫中心整体业务流程

四、呼叫中心电话沟通需准备的内容

呼叫中心电话沟通需准备的内容，如表 3-2-1 所示。

表 3-2-1　　　　　　　　　呼叫中心电话沟通需准备的内容

项目		准备内容
环境准备	设备/道具	电脑、电话、记号笔、笔记本
	主要涉及岗位角色	呼叫中心话务员徐丽、客户孙腾
	软件	网络系统、办公软件
	涉及单据	快递单
制订计划	步骤一	接听客户查询电话
	步骤二	客户订单查询
	步骤三	客户订单状态反馈
	步骤四	订单查询结束

任务实施

步骤一：接听客户查询电话

呼叫中心话务员徐丽接到客户孙腾的快件状态查询电话，对话内容如下：

客服徐丽：您好，欢迎致电长风快递公司！

客户孙腾：你好。

客服徐丽：请问您贵姓？

客户孙腾：我姓孙。

客服徐丽：孙先生，有什么能够帮助您的吗？

客户孙腾：我的客户3月2日从贵公司寄发了一件快件给我，我想知道什么时候可以到？

客服徐丽：孙先生您好！麻烦您将托运单号告诉我，我帮您查一下。

客户孙腾：单号是57451565455845。

客服徐丽：好的，请稍等。

步骤二：客户订单查询

随后，徐丽登录公司订单管理系统订单查询页面进行订单跟踪查询，查询界面如图3-2-4所示。

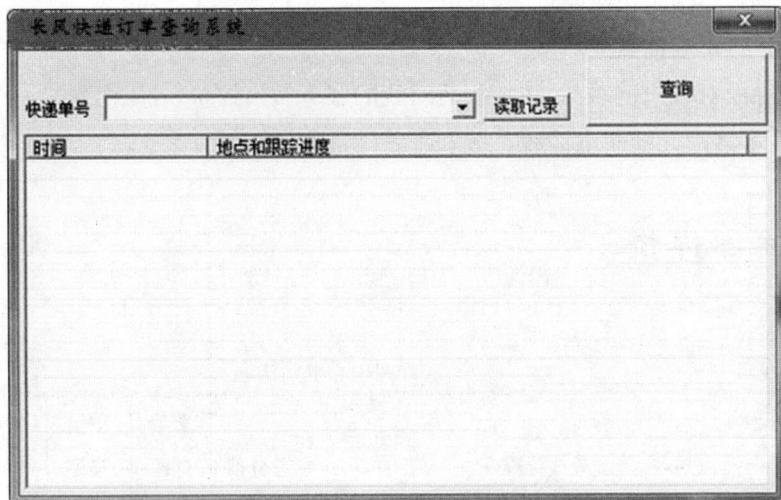

图 3-2-4 订单查询界面

徐丽输入客户孙腾提供的运单号57451565455845进行查询，查询结果如图3-2-5所示。根据订单查询结果显示，派单员正在进行派单，很快到达客户手中。

物流动态

2015-3-2 17:11:15	浙江省杭州市滨园公司	已收件
2015-3-2 21:12:16	浙江省杭州市滨园公司	已打包
2015-3-3 18:26:43	浙江省杭州市滨园公司	已发出
2015-3-3 20:40:51	杭州转运中心公司	已收入
2015-3-3 20:42:05	杭州转运中心公司	已发出
2015-3-3 22:49:39	西安转运中心公司	已收入
2015-3-3 23:00:45	西安转运中心公司	已发出
2015-3-4 06:06:58	陕西省西安市科技园开发区公司	已收入
2015-3-4 08:33:49	陕西省西安市科技园开发区公司	派件中
2015-3-4 08:33:49	陕西省西安市科技园开发区	已收入
2015-3-5 08:15:01	陕西省西安市科技园开发区	已收入
2015-3-5 08:15:01	陕西省西安市科技园开发区公司	派件中

图 3 - 2 - 5　订单查询结果

步骤三：客户订单状态反馈

查询到了订单的最新信息，徐丽马上将查询结果告诉了孙先生。

客服徐丽：不好意思，让您久等了。您的快件现在正在配送过程中，大概半小时内会送到，请您注意查收。请问您还需要其他服务吗？

客户孙腾：不用了，谢谢！

步骤四：订单查询结束

最后，徐丽对客户道谢："请您稍后对我的服务做出评价，感谢致电，祝您生活愉快！再见！"等客户先挂断电话后，结束通话，完成订单查询业务。

任务评价

姓名			学号		专业				
任务名称				呼叫中心电话沟通					
考核内容		考核标准			参考分值	学生自评（10%）	小组互评（30%）	教师评价（60%）	考核得分
职业素养评价	1	良好的语言表达能力			10				
	2	业务处理过程中自我情绪的掌控与调节能力			10				
	3	完成工作任务时认真负责的态度			10				

续 表

考核内容		考核标准	参考分值	学生自评(10%)	小组互评(30%)	教师评价(60%)	考核得分
理论知识评价	4	理解呼叫中心的概念	10				
	5	掌握呼叫中心的基本功能	10				
	6	掌握呼叫中心的业务流程	10				
技能操作评价	7	能够与客户进行有效沟通	20				
	8	能够完成呼叫中心客户服务工作	20				
总得分			100				

任务拓展

将学生分组，分别扮演呼叫中心客户服务人员和客户，准备好需要办理的业务，比如一批货物托运订单的查询或者快递业务的咨询，呼叫中心客服人员接听客户的来电并办理相关业务。根据所学知识，完成客户前台订单业务处理的情景模拟，教师及其他同学进行观摩，并对这个小组办理业务流程进行点评。

任务三 网络客户服务

任务导入

客服代表徐丽除了负责呼叫中心客户电话业务外，同时还负责网上订单的处理。2015年3月10日，客户张磊想通过长风快递公司网站进行网上下单，客服代表徐丽需对该客户的网上下单业务进行处理，那么她该怎么做呢？

任务分析

网络客户服务主要包括在线业务受理、客户咨询和在线订单查询等内容。在线客服需要掌握在线业务受理的基本流程和注意事项，掌握客户在线下单的基本方式，以及客户在线咨询等内容。

任务准备

一、网络客户服务概述

网络客户服务是一种以网络为媒介，向互联网访客与网站内部员工提供即时沟通的页面通信技术。网络客户服务系统是集即时通信、访客监控等于一体的先进的互联网在线客服软件，访客无须安装任何插件即可与在线客服人员文字对话。常见的网络客户服务系统逻辑架构如图 3-3-1 所示。

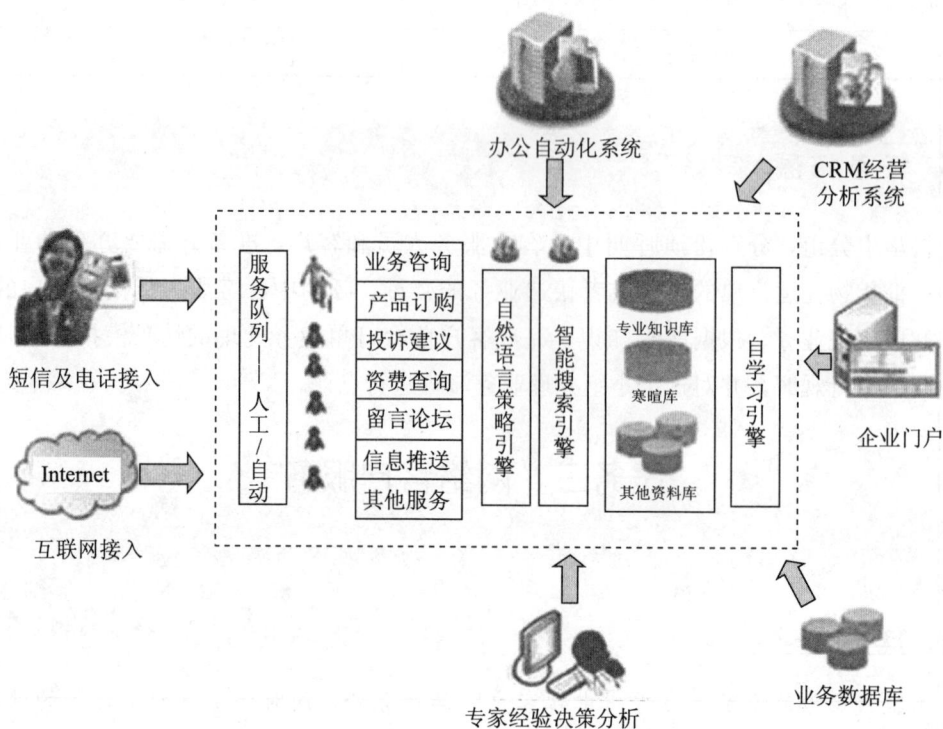

图 3-3-1 网络客户服务系统逻辑架构

网络客户服务包括客户自动服务和人工服务两种形式，自助服务是客户通过网站上的说明信息寻找相应的解答，或者加入网络社区获取需要的信息；人工服务则需要根据客户提出的问题，通过人工回复的方式给予回答。网上客户服务常用的手段包括FAQ（一种在线顾客系统）、电子邮件等方式。

二、网络客户服务的特点

（1）网络使服务的无形性和不确定性减少。

（2）网络客户服务突破了时空的不可分离性。

（3）可提供更高层次的服务。

（4）使网上客户寻求服务的主动性增强。

（5）网络客户服务的成本降低效益提高。

三、一般业务类型

（1）网上订单查询。

（2）网上在线留言处理。

（3）信息发布。

（4）客户信息反馈处理。

（5）邮件处理及回复。

（6）网上订单处理。

四、典型网上订单业务处理

（1）客户在快递公司所属页面上找到相应业务受理栏，点击要申请的业务（如图3-3-2所示）。

图3-3-2 EMS网上订单下单

（2）客户填写相应的信息，并确保填写资料真实无误、详细，并提交。

（3）快递公司客服人员在接收到客户的请求后，进行审核后转入内部处理流程。

（4）客服人员对客户请求进行回复及处理。

①网上客户信息回复。为了方便客户，大多数快递公司的网上业务都开通了客户信息反馈一栏业务，客服人员每天要负责及时回复用户发过来的信息。

②网上客户信息回复注意事项。

a. 判断客户的问题类别，根据公司所要求的样板信息回复。

b. 信息回复要及时。

c. 重要客户及突发问题要及时上报上级领导。

d. 汇总客户信息。

③客户邮件处理和回复。通过网络的电子邮件系统，用户可以用非常低廉的价格，以非常快速的方式（几秒钟之内可以发送到世界上任何你指定的目的地），与世界上任何一个角落的网络用户联系，这些电子邮件可以是文字、图像、声音等各种方式。同时，用户可以得到大量免费的新闻、专题邮件，并实现轻松的信息搜索。

五、网络客户服务需准备的内容

网络客户服务需准备的内容，如表 3-3-1 所示。

表 3-3-1　　　　　　　　　网络客户服务需准备的内容

项目		准备内容
环境准备	设备/道具	电脑、记号笔、笔记本
	主要涉及岗位角色	客服代表徐丽、客户张磊、取件员
	软件	网络系统、办公软件
	涉及单据	快递单
制订计划	步骤一	登录网上订单页面并填写信息
	步骤二	网上订单审核与处理
	步骤三	订单反馈
	步骤四	订单结束

任务实施

步骤一：登录网上订单页面并填写信息

客户张磊登录长风快递公司网站，在左侧的快速通道找到相应的在线下单页面（如图 3-3-3 所示）。

图 3 - 3 - 3　网上下单

进入后根据页面要求填写正确的寄件方和收件方信息后提交（如图 3 - 3 - 4 所示）。

图 3 - 3 - 4　在线下单信息填写

步骤二：网上订单审核与处理

客服代表徐丽收到客户张磊提交的在线订单后，首先对订单进行审核，审核通过后并打电话至客户确认订单信息。得到客户确认后及时将该订单业务信息反馈给公司该区域取件人员，取件人员根据客户张磊所填写的订单信息，按约定时间来到指定地点后打电话联系张磊取件。

步骤三：订单反馈

取件人员上门取件后，将订单信息及时反馈给客服人员，并将快件带回公司，存放在相应区域的待发件区，等待发运。

步骤四：订单结束

客服人员收到取件员的反馈信息后，将客户订单信息及时录入客户订单管理系统中，完成网上订单业务。

任务评价

姓名		学号		专业				
任务名称			网络客户服务					
考核内容		考核标准		参考分值	学生自评 (10%)	小组互评 (30%)	教师评价 (60%)	考核得分
职业素养评价	1	具有团结合作的精神和良好的沟通能力		10				
	2	完成工作任务时认真负责的态度		10				
理论知识评价	3	理解网络客户服务的概念和特点		10				
	4	熟悉网上订单一般业务内容		10				
	5	掌握网上订单业务处理流程		10				
技能操作评价	6	能够及时审核客户订单信息		15				
	7	能够及时处理客户反馈的问题		15				
	8	能够独立完成网上订单业务的处理		20				
总得分				100				

任务拓展

由教师带领学生至计算机实训室，将学生分组后分别扮演客户服务人员和客户，设计本组情景模拟剧本，进行网上订单信息处理模拟。根据所学知识，完成包括网上订单申请、订单处理以及上门取货等相关工作步骤的情景模拟，教师及其他同学进行观摩，并对这个小组办理业务的流程进行点评。

项目小结

通过项目三的学习，使学生了解快递客户服务中前台、呼叫中心和网络客户服务的基本流程，熟悉前台接待的任职要求与接待技巧，掌握呼叫中心的一般功能，一般业务类型及典型网上订单业务处理等相关内容，从而使学生能够按照要求完成所属工作任务，加深对快递客户服务行业的认知，尽快融入快递企业，为下一个项目的学习打下良好的基础。

实训练习

一、单选题

1. 客户来电时会迅速弹出订单页面、历史订单记录。坐席可以快速下订单，完成订单动作是呼叫中心的（　　）。

A. 来电弹屏　　　　B. 录音功能　　　　C. 订单管理　　　　D. 综合查询

2. 根据输入的时段统计并查询出公司所有订单的数量，并绘制曲线图是呼叫中心的（　　）。

A. 统计报表　　　　　　　　　B. 电话流量的统计

C. 业绩统计　　　　　　　　　D. 订单及财务统计

3. 根据长风快递公司收费标准，北京地区的首重价格是（　　）元/千克。

A. 18　　　　　　B. 16　　　　　　C. 6　　　　　　D. 22

二、判断题

1. 网络客户服务的自助服务是客户通过网站上的说明信息需找相应的解答，或者加入网络社区获取需要的信息。（　　）

2. 网上客户信息回复时，业务人员应该回复所有客户的所有问题。（　　）

3. 针对网络客户的订单，取件人员上门取件后，将订单信息及时反馈给客服人员。（　　）

4. 一个典型的以客户服务为主的呼叫中心还可以进行顾客回访、满意度调查等呼出业务。（　　）

5. 呼叫中心的订单分拣的使用人员为管理员。（　　）

6. 前台工作人员需要将完成的订单信息录入客户订单管理系统。（　　）

三、简答题

1. 网络客户服务的特点是什么？

2. 呼叫中心的一般功能包括什么？

3. 前台服务人员的工作职责主要包括什么？

4. 前台订单受理的基本流程是什么？

答案：

一、单选题

1. A　2. D　3. B

二、判断题

1. √　2. ×　3. √　4. √　5. √　6. √

三、简答题（略）

项目四　快递客户投诉的处理

项目导学

　　客服人员学习和分析客户投诉的最终目的，是第一时间处理客户的投诉。随着电子商务的迅猛发展，仅 2014 年 11 月 11 日当天，天猫平台实现交易总额达到了 571.12 亿元。据国家邮政局统计数据显示，2014 年"双 11"期间，在 11 月 11 日至 16 日短短 6 天时间里，全行业共处理快件 5.4 亿件。如此之多的快件数量背后是收发货人各种各样的需求，一旦需求不能满足就会造成大量的客户投诉。

　　客服人员是快递公司第一个接触客户投诉的员工，代表着快递公司与客户直接沟通。既要尽量满足客户的要求，又要最大限度维护公司的利益，所以要求客服人员必须具备一定的投诉处理专业知识才能完成相应工作。本项目从客户投诉的基本认知开始，在对投诉的原因、种类、方式等了解后，要求学生运用技巧对投诉进行处理，并且要掌握一套投诉处理的标准流程。

学习目标

- **知识目标**

　投诉的定义，产生原因和投诉方式；

　投诉处理的流程；

　处理投诉过程中客户的心理特点。

- **能力目标**

　能够依照流程，运用技巧完成客户投诉处理。

- **情感目标**

　培养学生对快递客户服务岗位的热爱，加深对该岗位的认知；

　培养学生对专业知识的学习。

任务一　客户投诉基本认知

任务导入

客服代表徐丽在客户服务部门实习已经有一段时间了，部门经理李磊对其的能力一直都很满意。于是为了让她更加了解客户服务岗位，将她调到客户投诉岗位进行轮岗，并要求她提前对与客户投诉相关的知识及填写客户投诉记录表进行了解。那么她应该怎么做呢？

任务分析

针对本任务，徐丽需要了解客户投诉的含义和完善处理客户投诉的重要意义，理解引起客户投诉的主要原因，掌握客户投诉的几种主要方式，并学会如何根据客户投诉内容填写客户投诉记录表。

任务准备

一、客户投诉的含义

客户投诉是客户对企业提供的产品质量、服务态度等各方面的问题，向企业主管部门反映情况，检举问题，并要求得到相应补偿的一种手段。或者说，客户投诉是指客户由于我们的工作上的失职、失误、失度、失控或误解伤害了他们的自尊或利益，而向管理人员或有关部门提出的口头或书面意见。

客户投诉处理工作的完善处理，对于树立良好的企业形象，维护企业服务质量，提高企业知名度有很大的帮助。客户服务人员应该具备的一个重要技巧就是客户投诉的有效的处理，有的时候投诉处理不好，不仅仅会给企业的形象、品牌带来影响，甚至会影响企业的利润。如图 4-1-1 所示。

图 4-1-1　客户投诉

二、客户投诉的原因

在快递行业里，导致客户投诉的原因有很多。统计投诉原因并进行分析，客户投诉原因主要集中在"服务态度差""快件延误晚点"和"快件损坏和丢失"三方面，如图 4-1-2 所示。还有其他小部分的投诉是由于客户自身操作原因或素质原因造成，或者因不可抗力因素，例如自然环境、战争和事故等原因造成的延误和损失。

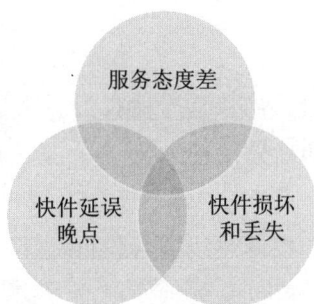

图 4-1-2　快递客户投诉主要原因

1. 服务态度差

客户所反映的服务态度差的原因主要与以下几方面有关：投诉热线一直处于占线状态，难以接通帮助迅速解决问题；客户服务人员沟通技巧不佳，导致客户对服务结果不满；客户服务人员对客户的投诉采取回避的处理方式，使得客户更为恼火；无法满足客户进一步的服务需求，使客户感到失望等。

2. 快件延误晚点

快件的延误晚点问题是目前快递行业普遍存在的问题之一。由于市场上快递服务竞争越来越激烈，快递企业只有通过不断缩短运输时间来争取客户的青睐。这样就对企业的服务提出了更高的要求，更增加了企业执行的难度。因此，在运输环节中哪怕一个微小的失误都会引发快件的延误问题。

3. 快件损坏和丢失

快件损坏大都是在运送中转和投递过程中产生的，主要因为快递企业在扩张市场的同时，越来越多的加盟店加入进来，自负盈亏的模式导致总部难以统一管理其服务质量；快递企业的硬件设施不够完善，造成快件的损坏；从业人员在运送过程中的粗暴野蛮操作也是导致快件损坏的主要原因之一。

三、客户投诉的主要方式

1. 顾客到公司的投诉中心投诉

一般情况下，顾客要去快递公司客户服务部设置的客户投诉中心进行投诉。客户服务中心的投诉受理人员按照程序受理和处理顾客的投诉。

2. 顾客到联合投诉中心投诉

当公司出现了突发客户投诉案时，客户服务部和企业内部其他部门联合组建成投诉办公室，以便快速解决客户的投诉问题。投诉办公室可以处于流动巡查状态，即时发现并处理问题，也可以处于待命状态，当接到电话或消费者直接投诉时，随时出动处理纠纷。这种投诉方式能够有效地处理突发客户投诉问题，体现"特事特办"的原则。

3. 网络受理客户投诉

顾客通过快递公司的网站直接向快递企业投诉。这是一种便捷的投诉方式，也是受理客户投诉的一个发展方向和趋势。

4. 电话热线受理客户投诉

顾客向快递企业呼叫中心的投诉热线进行投诉，呼叫中心的投诉受理人员进行现场解答或事后处理客户的投诉。这也是一种便捷的方式，体现了快捷、高效、经济的特点。

5. 专业投诉站受理客户投诉

由于消费领域涉及面广，对一些专业性强、科技含量高的投诉，快递客户服务部现有的客服人员由于受主客观条件的限制，解决这方面的投诉困难较大，因此，可以通过成立专业投诉站的方式来解决专业投诉问题，这种投诉方式专业性强，对客户服务人员的专业技能要求较高。

四、客户投诉记录表

客服人员需要对客户投诉的内容进行记录，形成客户投诉记录表，以便日后查询和存档。一般的客户投诉记录，如表 4-1-1 所示。

表 4-1-1　　　　　　　　　　　客户投诉记录表

客户名称		投诉时间	
联系电话		快递单号	
投诉内容			
责任单位			
处理意见			
处理结果			
负责人意见			

五、客户投诉基本认知需准备的内容

客户投诉基本认知需准备的内容，如表 4-1-2 所示。

表 4-1-2　　　　　　　　客户投诉基本认知需准备的内容

项目		准备内容
环境准备	设备/道具	电脑、电话、记号笔、笔记本、客户投诉记录表
	主要涉及岗位角色	客户服务员徐丽、客户
	软件	网络系统、办公软件
	涉及单据	快递单
制订计划	步骤一	接待投诉客户
	步骤二	记录投诉信息，形成客户投诉记录表
	步骤三	反馈相关部门

任务实施

步骤一：接待投诉客户

客户服务员徐丽接到客户的投诉电话，对话内容如下：

徐丽：您好，欢迎致电长风快递公司，请问有什么可以为您效劳？

客户：我要对你们的服务进行投诉！

徐丽：对不起，请问您贵姓？

客户：我姓高。

徐丽：高先生，请您先不要生气，请告诉我具体情况好吗？

客户：是这样，今天接到你们快递员的电话说我有包裹，让我自己下楼取不算，等我下了楼，包裹竟然在地上放着，这包裹里可是我新买的手机，如果丢了或者有损坏，这责任怎么算！

徐丽：高先生，实在对不起，我代表公司向您道歉，我会对此进行记录并向相关部门反馈，坚决杜绝此类事件的再次发生。

步骤二：记录投诉信息，形成客户投诉记录表

客户服务员徐丽根据刚才与客户的对话内容，将客户的投诉信息进行整理并填写客户投诉记录表，以便于查询与存档。记录客户高先生的投诉内容如表4-1-3所示。

表4-1-3　　　　　　　　　　客户投诉记录表

客户姓名	高先生	投诉时间	2015.03.13
联系电话	68541632	快递单号	
投诉内容	客户反映快递员服务态度差，在未经客户签收的情况下便放下包裹独自离开		
责任单位	配送部门		
处理意见			
处理结果			
负责人意见			

步骤三：反馈相关部门

将该客户投诉记录表反馈给相关责任部门，请要求其尽快处理。

任务评价

姓名		学号		专业			
任务名称		客户投诉基本认知					
考核内容		考核标准	参考分值	学生自评(10%)	小组互评(30%)	教师评价(60%)	考核得分
职业素养评价	1	具有团结合作的精神	10				
	2	具有良好的语言表达能力，能与客户进行有效的沟通	10				
	3	完成工作任务时认真负责的态度	10				

考核内容		考核标准	参考分值	学生自评 (10%)	小组互评 (30%)	教师评价 (60%)	考核得分
理论知识评价	4	了解快递客户投诉的含义	10				
	5	掌握快递客户投诉的原因	10				
	6	掌握快递客户投诉的方式	10				
技能操作评价	7	能够对快递客户投诉的内容进行投诉原因分类	15				
	8	能够根据客户的投诉内容填写客户投诉记录表	25				
总得分			100				

任务拓展

学生以小组为单位，进行实地调研或网上调查，调查至少两家快递公司遇到过的快递客户投诉情况，分析所采取的主要投诉原因和方式，形成调研报告。

任务二　快递客户投诉处理技巧

任务导入

客户服务员徐丽在岗第一天就接到了来自客户张磊对快递员服务态度不满的投诉电话。对于该投诉的处理，客户服务员徐丽应该掌握哪些相关投诉处理技巧呢？

任务分析

针对本任务，徐丽需要掌握客户在投诉过程中情绪的特点和在投诉过程中客户心理的变化，针对具体情况选择对应的处理投诉技巧化解矛盾，缓解客户的不满情绪，避免公司形象受损。

任务准备

一、客户投诉过程中的情绪特点

客户在打进投诉电话的一刻，情绪往往比较激动，会处在一个较高的情绪峰值上。这种情绪状态下顾客是非理性的，要恢复到理性、冷静需要一段时间。如图 4-2-1 所示。

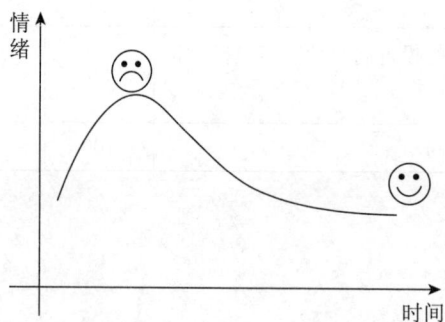

图 4-2-1　客户情绪波动

但在客户非理性状态下，当客服人员直接告知其不能马上满足对方所需求的解决方案时，往往会引起客户更愤怒的情绪状态，跟随这种情绪的升级随之也会带来投诉等级的升级。如图 4-2-2 所示。

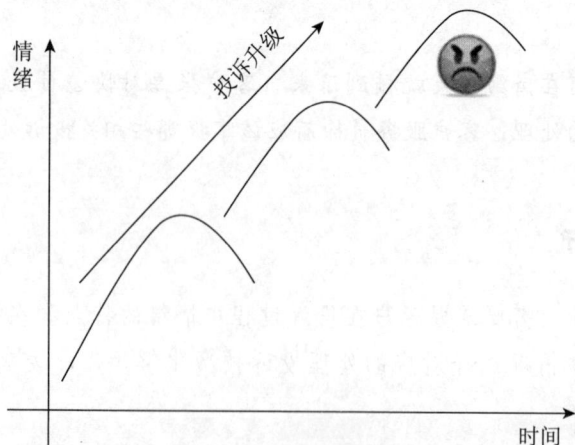

图 4-2-2　投诉的升级

针对客户的情绪特点，客户服务人员应该站在对方立场思考问题，采取相应的话术流程（如图 4-2-3 所示），有效安抚客户失控的情绪，让客户对投诉结果满意。

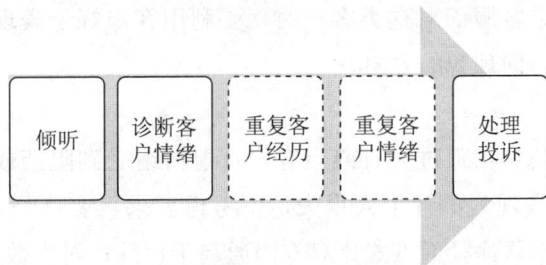

图 4-2-3　针对客户情绪特点的话术流程

二、客户投诉过程中的心理分析

客户投诉时的主要心理包括以下六种。

1. 发泄心理

这类客户在接受服务时，由于受到挫折，通常会带着怒气投诉和抱怨，把自己的怨气发泄出来，这样客户的忧郁或不快的心情由此也会得到释放和缓解，以维持心理上的平衡。因此，接到此类客户的投诉时，客户服务人员应当耐心倾听客户投诉情况，切忌打断客户，让客户充分发泄，恢复心理状态，尽可能制造愉悦的氛围，但不能轻佻，要给客户以被重视的感觉。

2. 尊重心理

这类客户在接受服务过程中产生了挫折和不快，进行投诉时，总希望他的投诉是有道理的，希望获得快递公司的尊重和重视。针对这种客户，客户服务人员应给予礼貌、认真对待，及时表示歉意，及时采取有效措施，及时答复客户。此外，在客户确有不当时，用聪明的方法让客户下台阶。

3. 补救心理

当客户的权益受到损害时，这类客户投诉的目的在于补救，包括财产上的补救和精神上的补救。客服应以倾听、道歉、良好的服务态度与完美的问题解决方案等方式给予客户财产和精神上的安慰。

4. 认同心理

客户在投诉的过程中，一般都努力让公司相信他是对的。客服可以对客户的感受、情绪表示充分的理解和同情，要发出双方协商解决问题的信号给客户，但不要轻易认同客户的处理方案，以免被客户的情绪牵着走。

5. 表现心理

客户的投诉往往针对我们提供的产品或服务的瑕疵或问题，因此不少客户表现出既是投诉，又是评价，甚至批评，他们希望得到一种成就感。此外，这类客户注意维护自己的尊严和形象。客服面对这类客户时，要利用客户好于表现的心理，注意夸奖客户，引导客户心理趋向理智的方向。

6. 报复心理

当客户的预期与公司相距过大时或当客户宣泄情绪受到阻挡或新的伤害时，客户会演变为报复心理，表现为不计个人得失，不考虑后果，要让公司为此付出代价等。客户服务人员需采取有效途径或方式让双方沟通趋于理性；对少数具有伤害性的客户，要注意或保留相关证据，以便客户真正做出伤害公司行为时给予澄清，适当时，提醒客户这些证据的存在，让客户冷静。

三、客户投诉处理的技巧

快递企业客户投诉处理技巧的"七个点"。如图 4-2-4 所示。

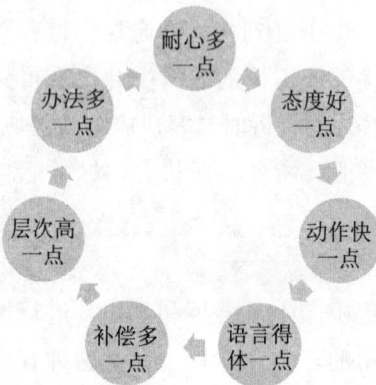

图 4-2-4 "七个点"

（1）耐心多一点。耐心倾听客户的抱怨，不要轻易打断客户的抱怨和牢骚，更不要批评客户的不足，要鼓励客户倾诉下去。客户的怨气如同球里的气，当他把牢骚发完了，他们就没有怨气了。

（2）态度好一点。俗话说"怒者不打笑脸人"。客户有抱怨或投诉就是表现出客户对公司服务不满意，他们觉得受到亏待了，如果在处理过程中态度不友好会加重他们的不满意，造成关系的进一步恶化。若态度诚恳，礼貌热情，会降低客户抵触情绪。

（3）动作快一点。处理投诉和抱怨的动作要快，最好把处理的过程与情况向用户及时的说明，让用户感觉到你没有停止过处理他提出的问题。

（4）语言得体一点。客户发泄抱怨时在言语方面有可能会过于激动，如果你与客户针锋相对，势必造成情况更加恶化，在解释问题过程中，措辞要十分注意，要合情合理，得体大方，即使客户不对，也不要直接指出，尽量使用婉转的语言与客户沟通。

（5）补偿多一点。客户投诉或抱怨，很大程度上是因为他们利益受损，因此，客户抱怨或投诉之后，往往会希望得到补偿，这种补偿包括物质上（如价格打折、赠送礼品）或精神上的（如道歉）。在补偿的时候尽可能多一点。

（6）层次高一点。客户提出投诉与抱怨是希望自己的问题受到重视，处理该问题的人员层次也会影响到客户的期待以及解决问题的情绪，如遇到较为难解决的投诉，应及时上报直接领导，由直接领导亲自向客户解释（有可能的话登门道歉），这样会较大程度上化解客户的怨气和不满。

（7）办法多一点。在处理客户投诉时除了给予客户慰问、道歉、赠送小礼物外，还可以邀请客户参加企业内部研讨会，共同参与提高公司的服务质量。

四、快递客户投诉处理技巧需准备的内容

快递客户投诉处理技巧需准备的内容，如表 4-2-1 所示。

表 4-2-1　　　　　　　　　快递客户投诉处理技巧需准备的内容

项目		准备内容
环境准备	设备/道具	电脑、电话、记号笔、笔记本
	主要涉及岗位角色	客户服务员徐丽、客户张磊
	软件	网络系统、办公软件
	涉及单据	快递单
制订计划	步骤一	接待投诉客户
	步骤二	安抚客户情绪
	步骤三	判断客户心理类型，选择合适技巧处理投诉

任务实施

步骤一：接待投诉客户

客户服务人员徐丽接到客户张磊对快递员服务态度不满的投诉电话，对话内容如下：

客服徐丽：您好，欢迎致电长风快递公司，请问有什么可以为您效劳？

客户张磊：我要对你们的服务进行投诉！

客服徐丽：对不起，请问您贵姓？

客户张磊：我姓张。

客服徐丽：张先生，请您先不要生气，请告诉我具体情况好吗？

客户张磊：我在3月10日时通过你们公司网上订单形式寄发了一个快件，快件编号是57451565495468。可是今天都过去一周了，快件还没有送到我的客户手中，这位客户对我来说很重要！

步骤二：安抚客户情绪

一般客户在打进投诉电话的一刻，情绪往往比较激动，会处在一个较高的情绪峰值上。因此，客户服务人员应针对客户投诉内容，站在客户角度，采取相应的话术流程，安抚客户情绪。具体对话内容如下：

客服徐丽：张先生，我很理解您现在的心情，我查看了您的快件跟踪信息，确实有所延误。但目前您的快件已到达目的地了，希望您能耐心等待快递员的派送。

客户张磊：可是我的客户现在亟须这份资料，你们的快递员到底什么时候才能完成配送！

步骤三：判断客户心理类型，选择合适技巧处理投诉

根据客户投诉的目的，可以判断出客户张磊属于补救心理，因此客服应以倾听、道歉、良好的服务态度与完美的问题解决等方式给予客户财产和精神上的安慰。

客服徐丽：张先生，非常抱歉给您带来的不便，我会致电我们的区域快递员，让他对您的快件优先配送，今天中午前一定将快件送达您的客户手中。

客户张磊：好吧，那一定要第一个就派送我的快件啊！

客服徐丽：一定会的，请您放心！请问您还有其他问题吗？

客户张磊：没有了。

客服徐丽：好的。非常感谢您的理解，祝您生活愉快！

任务评价

姓名		学号		专业	
任务名称		快递客户投诉处理技巧			

考核内容		考核标准	参考分值	学生自评（10%）	小组互评（30%）	教师评价（60%）	考核得分
职业素养评价	1	具有团结合作的精神	10				
	2	具有良好的语言表达能力，能与客户进行有效的沟通	10				
	3	完成工作任务时认真负责的态度	10				

续　表

考核内容		考核标准	参考分值	学生自评（10%）	小组互评（30%）	教师评价（60%）	考核得分
理论知识评价	4	掌握投诉客户的情绪特点	10				
	5	掌握投诉客户的心理分析	10				
	6	掌握客户投诉技巧	10				
技能操作评价	7	能够根据客户情绪选择合适的话术流程	10				
	8	能够正确分析投诉客户的心理	10				
	9	能够熟练运用投诉处理技巧	20				
总得分			100				

任务拓展

将学生分组，分别扮演客户服务人员和客户，设计本组情景模拟剧本，进行客户投诉处理模拟。根据所学知识，首先对投诉客户的情绪、心理进行分析，针对分析结果选择合适的投诉处理技巧，完成客户投诉处理的情景模拟，教师及其他同学进行观摩，并对这个小组投诉处理情况进行点评。

任务三　快递客户投诉处理流程

任务导入

2015年3月20日，客户服务人员徐丽接待了前来投诉的客户王洋。据客户王洋称，他几日前曾通过长风快递公司寄发了一箱玻璃制品给客户，但是客户反映运到的货物有部分已经破损，运单号为534111387451。因此，他要求长风快递公司就此事故进行赔偿，那么客服人员徐丽应该如何解决此次客户投诉呢？

任务分析

针对本任务，客户服务员徐丽需要掌握快递客户投诉处理步骤和流程等相关内容。

任务准备

一、处理客户投诉的步骤

处理客户投诉主要有以下五个步骤。

1. 耐心倾听客户的抱怨

在接到客户投诉的时候应该耐心倾听客户的抱怨，真诚地向客户道歉，同时站在客户的角度全方位理解客户的感受，避免不了解清楚情况就提出解决方案的情况发生。

2. 受理客户投诉

受理客户投诉过程中保持良好的心态，真诚面对客户。积极地与客户进行沟通，收集客户投诉信息，明确客户要求，尽量在自己权限范围内快速解决问题。

3. 协商解决、处理问题

耐心与客户进行沟通，取得客户对解决方案的认同后，快速高效地实施解决方案，做到客户满意。

4. 回复客户

对实施方案后的处理结果要给客户答复。

5. 跟踪回复

对客户进行回访，通过电话、电子邮件或客户拜访的形式询问投诉处理情况的满意程度。

二、快递客户投诉处理流程

根据处理客户投诉的步骤，可以梳理出快递客户投诉的处理流程，如图 4-3-1 所示。

1. 受理客户投诉，记录投诉内容

客户服务人员在接到客户投诉时，应耐心聆听客户的陈述，切忌打断客户，全方位了解事件的真实情况。并使用客户投诉登记表详细记录客户投诉的全部内容，如投诉人、投诉时间、投诉对象、投诉要求等，以便于查询与存档。

2. 判断投诉是否成立

由于客户投诉的性质分为有效投诉和无效投诉两种，客户服务人员需要对此进行区分。在了解了客户投诉的内容后，要确定客户投诉的理由是否充分，投诉要求是否合理。如果投诉并不成立，就可以委婉的方式答复客户，以取得客户的谅解，消除误会。

```
┌─────────────────┐
│   受理客户投诉   │
└─────────────────┘
         │
         ▼
┌─────────────────┐
│   记录投诉内容   │
└─────────────────┘
         │
         ▼                          否      ┌──────────────────────┐
◇   投诉是否成立   ◇ ─────────────────────→│   消除误会，取得谅解   │
         │ 是                              └──────────────────────┘
         ▼
┌─────────────────┐
│  确定投诉责任部门 │
└─────────────────┘
         │
         ▼
┌─────────────────┐
│   分析投诉原因   │
└─────────────────┘
         │
         ▼
┌─────────────────┐
│   提出解决方案   │
└─────────────────┘
         │
         ▼
┌─────────────────┐
│   主管领导批示   │
└─────────────────┘
         │
         ▼
┌─────────────────┐
│   实施处理方案   │
└─────────────────┘
         │
         ▼
┌─────────────────┐
│    通知客户     │
└─────────────────┘
         │
         ▼
┌─────────────────┐
│    跟踪回访     │
└─────────────────┘
         │
         ▼
┌─────────────────┐
│     结束        │
└─────────────────┘
```

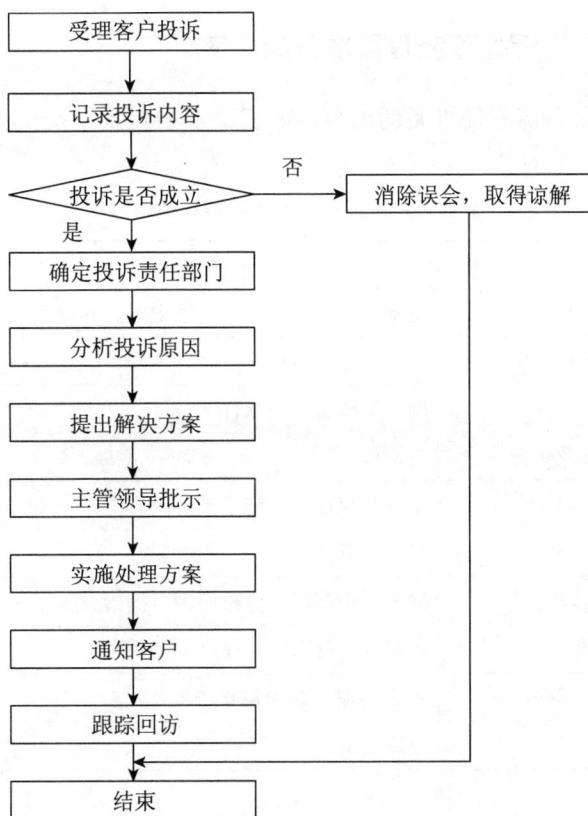

图 4-3-1　快递客户投诉处理流程

3. 确定责任部门，分析原因，提出方案

客户服务人员必须根据客户投诉内容迅速确定相关的具体责任单位、负责人和客户投诉的具体原因。接下来，依据实际情况，参照客户的投诉要求，提出解决投诉的具体方案。

4. 主管领导批示

对于不在自己权限内的处理方案，应将解决方案交由主管领导及时进行批示。

5. 实施处理方案，并通知客户

得到领导批示后实施解决方案，并向客户通报公司的处理方案，收集客户的反馈意见。对直接责任者和部门主管要根据有关规定做出处罚，依照投诉所造成的损失大小，扣罚责任人一定比例的绩效工资或资金。对不及时处理问题而造成延误的责任人也要追究相关责任。

6. 跟踪回访

对投诉处理过程进行总结和综合评价，并对投诉客户进行回访，询问客户对处理结果的满意程度，收集客户反馈信息，提高客户服务质量和服务水平。

三、快递客户投诉处理流程需准备的内容

快递客户投诉处理流程需准备的内容，如表 4-3-1 所示。

表 4-3-1　　　　　　　快递客户投诉处理流程需准备的内容

项目		准备内容
环境准备	设备/道具	电脑、电话、记号笔、笔记本、其他模拟物品
	主要涉及岗位角色	客户服务人员徐丽、客户王洋、配送部门业务员
	软件	网络系统、办公软件
	涉及单据	快递单
制订计划	步骤一	受理客户投诉，记录投诉内容
	步骤二	判断投诉是否成立
	步骤三	确定责任部门，分析原因，提出方案
	步骤四	主管领导批示
	步骤五	实施处理方案，并通知客户
	步骤六	跟踪回访

任务实施

步骤一：受理客户投诉，记录投诉内容

客户王洋前来对快递服务进行投诉，客户服务人员徐丽对此进行了受理。具体对话内容如下：

客服徐丽：您好，欢迎致电长风快递公司，请问有什么可以为您效劳？

客户王洋：我要投诉你们的服务！

客服徐丽：对不起，请问先生您贵姓？

客户王洋：我姓王。

客服徐丽：您好，王先生。请您先不要生气，能将具体情况告诉我吗？

客户王洋：是这样，几日前我曾通过长风快递公司寄发了一箱货物给客户，快递运单号为534111387451。这批货物是一箱玻璃制品，当时还嘱咐了这是易碎货物，你们快递员信誓旦旦保证绝对没问题，但是等客户收到货后，却反映运到的玻璃制品有大部分已经破损，这件事情得你们快递公司进行赔偿！

客服徐丽：王先生，首先我代表公司向您致歉，也为快递员给您带来的不便表示深深的歉意。我这边会迅速与相关单位取得联系，尽快拿出解决方案，并第一时间联系您，征求您的同意！

客户王洋：好吧，那你们尽快解决吧，可别拖延时间！

客服徐丽：好的，请您一定放心，这边会抓紧办理！请问您还有其他问题吗？

客户王洋：没有了。

客服徐丽：好的。感谢您的致电，祝您生活愉快！

客服人员徐丽根据客户投诉的主要内容进行记录，形成客户投诉记录表，以便于查询和存档。投诉记录表内容如表4-3-2所示。

表4-3-2　　　　　　　　　　客户投诉记录表

客户姓名	王先生	投诉时间	2015年3月20日
联系电话	15965248777	快递单号	534111387451
投诉内容	客户反映所寄发快件货物发生货损（内容物为玻璃制品）		
责任单位	配送部门		
处理意见			
处理结果			
负责人意见			

步骤二：判断投诉是否成立

客户服务员徐丽根据客户王洋的投诉，迅速联系到了负责该区域的责任人员，了解情况后，证明客户王洋的投诉属实，确实属于长风快递公司责任。因此客户投诉成立，属于有效投诉。

步骤三：确定责任部门，分析原因，提出方案

客户服务人员徐丽根据客户投诉内容，确定投诉责任部门为配送部门，于是将投诉记录交予配送部，并要求其尽快处理。配送部门接到投诉记录后，马上展开调查。经过调查发现，当时负责派送客户王洋快件的是快递员小张，他也承认是在搬运的过程中由于操作不当使货物跌落，造成货损的事实。为了杜绝此类现象的再次发生，特此对快递员小张进行一定的经济处罚，并针对公司全体业务人员进行业务培训，提高业务人员的自身素质。并且根据公司针对货损的赔偿制度，对客户王洋进行经济赔偿。

步骤四：主管领导批示

将客户投诉的具体调查内容和所提出的解决方案交由主管领导及时进行批示。

步骤五：实施处理方案，并通知客户

客服人员徐丽主动打电话与客户进行沟通，告知公司的解决方案，并征求客户的意见。如果客户同意该解决方案，则告知相关部门实施处理方案；若客户不满意该解决方案，则询问客户意见并详细记录，然后告知相关部门，进行必要的方案修改后再通知客户，直到客户满意为止。

步骤六：跟踪回访

处理完客户投诉后，要对该起客户投诉案例进行总结分析。同时对客户投诉结果进行跟踪回访，重视客户投诉处理的最终结果。

任务评价

姓名			学号		专业			
任务名称			快递客户投诉处理流程					
考核内容		考核标准		参考分值	学生自评（10%）	小组互评（30%）	教师评价（60%）	考核得分
职业素养评价	1	具有团结合作的精神		10				
	2	具有良好的语言表达能力，能与客户进行有效的沟通		10				
	3	完成工作任务时认真负责的态度		10				
理论知识评价	4	掌握客户投诉处理的一般步骤		10				
	5	掌握客户投诉处理的流程		15				
技能操作评价	6	能够完成当客户对投诉处理结果不满，再次来电投诉的处理		20				
	7	能够独自进行客户投诉处理		25				
总得分				100				

任务拓展

将学生分组，分别扮演客户服务人员和客户，设计本组情景模拟剧本，进行客户投诉处理流程模拟。根据所学知识，按照客户投诉处理流程，完成客户投诉处理的情景模拟，教师及其他同学进行观摩，并对这个小组投诉处理情况进行点评。

项目小结

通过项目四的学习，学生对客户投诉的产生原因、种类和产生方式有了一定了解，并且依照标准流程在与客户沟通时，运用技巧完成投诉处理。

实训练习

一、单选题

1. 目前快递行业普遍存在的问题是（　　）。

A. 服务态度差　　　　　　　　　　　B. 快件延误晚点

C. 从业人员素质低下　　　　　　　　D. 快件货物丢失或替换

2. 顾客向快递企业呼叫中心的投诉热线进行投诉，呼叫中心的投诉受理人员进行现场解答或事后处理客户的投诉，属于哪一种客户投诉（　　）。

A. 顾客到公司的投诉中心投诉　　　B. 网络受理客户投诉

C. 电话热线受理投诉　　　　　　　D. 专业投诉站受理投诉

3. 客户在接受服务时，由于受到挫折，通常会带着怒气投诉和抱怨，把自己的怨气发泄出来，这样客户的忧郁或不快的心情由此也会得到释放和缓解，以维持心理上的平衡。这种投诉心理属于（　　）。

A. 发泄心理　　　B. 尊重心理　　　C. 补救心理　　　D. 报复心理

4. 当客户的预期与公司相距过大时或当客户宣泄情绪受到阻挡或新的伤害时，客户会表现出不计个人得失，不考虑后果，要让公司为此付出代价等，这种投诉心理属于（　　）。

A. 发泄心理　　　B. 尊重心理　　　C. 补救心理　　　D. 报复心理

5. 客服处理投诉时，对于不在自己权限内的处理方案，应当（　　）。

A. 告知客户问题不在自己职权范围内

B. 自己分析判断后给客户确定的答复

C. 要求客户向上一级客户反映问题

D. 应将解决方案交由主管领导及时进行批示

二、判断题

1. 客户投诉处理工作的完善处理，对于树立良好的企业形象，维护企业服务质量，提高企业知名度有很大的帮助。（　　）

2. 投诉处理不好，一般会给企业的形象、品牌带来影响，但是不会给企业的利润带来很大的影响。（　　）

3. 客户在打进投诉电话的一刻，情绪状况往往比较激动，会处在一个较高的情绪峰值上。这个情绪状态下顾客是非理性的。（　　）

4. 客户在打进投诉电话的一刻，情绪往往比较激动，这种情绪状态下顾客是非理性的，但是随着时间推移都会恢复到理性。（　　）

5. 由于客户投诉的性质分为有效投诉和无效投诉两种，客户服务人员需要对此进行区分。（　　）

三、简答题

1 客户投诉的定义是什么？

2. 客户投诉的原因主要集中体现在哪三大方面？

3. 针对客户的情绪特点，请简述话术流程。

4. 快递企业客户投诉处理技巧是什么？

5. 简述处理客户投诉下 5 个步骤有哪些？

答案：

一、单选题

1. B　2. C　3. A　4. D　5. D

二、判断题

1. √　2. ×　3. √　4. ×　5. √

三、简答题（略）

项目五　快递客户关系的维护

项目导学

　　快递行业客户关系的维护一直以来就是一项重要的课题，客户关系的维护对快递企业来说意义重大，关系着企业的效益和长远发展。本项目主要讲述快递客户关系维护，帮助学生有针对性地了解客户关系的维护，提升学生对其的认识和了解。

学习目标

● **知识目标**

　　了解快递客户分类管理的内容、原因和方法；

　　了解快递客户档案管理的作用、内容和方法；

　　熟悉快递客户关系管理系统。

● **能力目标**

　　能够有效分析客户的产品类型和服务中产生的费用，完成客户分类表；

　　能够收集客户资料、建立客户档案卡并进行客户档案的维护更新；

　　能够熟练使用客户关系管理系统进行客户关系的维护。

● **情感目标**

　　培养学生对快递客户服务岗位的热爱，加深对该岗位的认知；

　　养成认真严谨的工作态度和吃苦耐劳的个性品质。

任务一　快递客户分类管理

任务导入

　　客户部门经理李磊将徐丽安排至客户关系维护岗位进行轮岗学习，并交给她部分客户往来账目的统计表（如表5-1-1所示），要求徐丽能根据统计表中提供的信息，

完成客户分类，那么她该怎么做呢？

表 5 - 1 - 1　　　　　　　　　2014 年部分客户业务金额统计表　　　　　　单位：万元

客户名称	产品类型	仓储保管费	长途汽车运费	铁路代办运费	集装箱代办费	城区配送费	包装加工费
A	化妆品	73	390	48	0	240	125
B	家电	0	67	0	0	0	0
C	家电	0	130	26	0	0	0
D	家电	58	230	0	0	147	0
E	食品	180	831	270	730	462	204
F	食品	0	123	0	0	0	0
G	化工产品	0	0	0	74	0	0
H	食品	92	0	0	0	289	102

任务分析

针对本任务，徐丽需要了解客户分类管理的基本概念，掌握企业采用客户分类管理的原因和客户分类管理的方法。

任务准备

一、客户分类管理概述

客户分类管理，就是根据客户对于企业的贡献率等各个指标进行多角度衡量与分类，最终按一定的比例进行加权，将客户分成不同的层级，为企业的资源分配提供依据。

客户分类管理根据分类标准对企业客户信息进行分类处理后，在同类客户中根据销售信息进行统计分析，发现共同特点，开展交叉销售，做到在客户下订单前，就能了解客户需要，有针对性地进行产品和服务的推荐，提高客户满意度。

二、采用客户分类管理的原因

1. 不同的客户带来的价值不同

经验表明，每个客户能给企业创造的收益是不同的，也就是说不同的客户能够给企业带来不同的价值。1897 年，意大利经济学家维尔弗雷多·帕累托发现经济及社会

生活中无所不在的二八法则，即关键的少数和次要的多数，比率约为 2∶8，也就是说，80％的结果往往源于 20％的原因，这就是帕累托定律。

对于快递企业来说，就是快递企业 80％的收益总是来自于 20％的高贡献度的客户，即少量的客户为快递企业创造了大量的利润，其余 80％的客户是微利、无利，甚至是负利润的。

2. 企业必须根据客户的不同价值分配不同的资源

客户价值不同，企业资源有限，尽管每个客户的重要性不容低估，但是由于不同的客户实际为企业创造的价值不同，而企业的资源又有限，因此把企业资源平均分配到每个客户上的做法既不经济也不切合实际，即企业没有必要为所有的客户提供同样卓越的产品或服务，否则会造成企业资源的浪费。

让为企业带来价值少或不带来价值的"一般客户"享受与为企业带来高价值的"重点客户"同样的待遇，会在一定程度上造成企业资源的浪费，导致企业成本增加、利润降低。

不同价值的客户应该"分开抓"，而不是"一把抓"，企业不能将资源和努力平均分摊给每一个客户，而必须根据客户带来的不同价值对客户进行分级，然后依据客户的级别分配资源。

3. 不同价值的客户有不同的需求，企业应该分别满足

每一个客户为企业带来的价值不同，对企业的预期待遇也会有所差别，为企业创造主要利润、带来较大价值的关键客户期望得到区别于普通客户的待遇。如企业能区分出这部分利润贡献大的客户，并为其提供针对性服务，他们就可称为忠诚客户，持续不断地为企业创造更多利润。客户个性化、多样化、差异化的需求决定了其希望企业能够提供个性化、定制化的产品或服务。

4. 客户分级是有效进行客户沟通、实现客户满意的前提

有效的客户沟通应当根据客户的不同采取不同的沟通策略，如果客户的重要性和价值不同，就应当根据客户的重要性和价值的不同采取不同的沟通策略。因此，区分不同客户的重要性和价值是有效进行客户沟通的前提。

实现客户满意也要根据客户的不同采取不同的策略，因为不同客户的满意标准不同。所以，实现客户满意的前提是要区分客户的满意标准，这就要区分客户之间的差别。

总之，对客户实行分级管理是有效管理客户关系的前提，也是提高客户关系管理效率的关键，更是对客户实施有效激励的基础。企业只有对客户进行分级管理，才能强化与高价值客户的关系，降低为低价值客户服务的成本，也才能更好地在实现所有客户的利益最大化的同时实现企业利润的最大化，实现企业与客户的双赢。

三、客户分类管理的方法

快递客户的分类可以按照以下两种分类方法进行。

1. 按照业务关系成熟度来分（如图5-1-1所示）

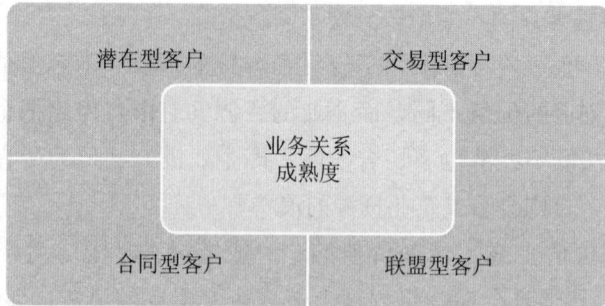

图5-1-1　按照业务关系成熟度进行快递客户分类

（1）潜在型客户：又称准客户或隐性客户，由于各种原因暂时还没接受公司快递服务，但能为企业创造潜在收益的个体或组织。

（2）交易型客户：快递企业与客户建立了一次或一系列独立交易的基础上，但这种关系的客户数量较多且需求具有随机性，需求的数量和水平难以准确预测。

（3）合同型客户：快递企业与客户根据一种具体的业务确立的合同关系，并在合同的指导下满足客户的要求。

（4）联盟型客户：快递企业与客户是一种为实现共同利益、目标和战略，有计划的持久性合作关系。

2. 按照客户重要程度来分（如图5-1-2所示）

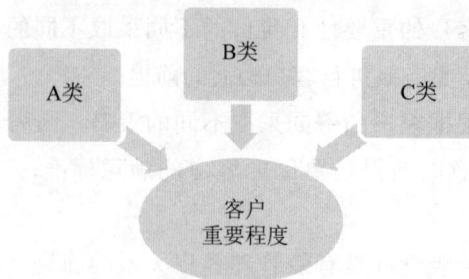

图5-1-2　按照客户重要程度进行快递客户分类

（1）A类客户：又称重点客户或关键客户。这类客户的数量一般占企业的5%～10%，但为企业带来的业绩（业务金额、利润等）却占50%～70%。

（2）B类客户：又称合适客户，这类客户的数量一般占企业的15%～20%，但为企业带来的业绩（业务金额、利润等）却占20%～30%。

（3）C类客户：又称一般客户，这类客户的数量一般占企业的60%～80%，但为企业带来的业绩（业务金额、利润等）却占5%～20%。

四、快递客户分类管理需准备的内容

快递客户分类管理需准备的内容，如表5-1-2所示。

表5-1-2　　　　　　　　　　快递客户分类管理需准备的内容

项目		准备内容
环境准备	设备/道具	电脑、电话、记号笔、笔记本、快递客户分类表
	主要涉及岗位角色	客户服务人员徐丽
	软件	网络系统、办公软件
制订计划	步骤一	分析快递客户的产品类型
	步骤二	分析快递客户服务中产生的费用
	步骤三	完成快递客户分类表

任务实施

快递客户服务部李经理提供部分客户往来账目的统计表（见表5-1-1），要求徐丽能根据统计表中提供的信息，统计不同客户的业务产品类型，并完成客户分类。

步骤一：分析快递客户的产品类型

根据表5-1-1中的信息，对该快递公司客户所涉及的产品类型信息进行分析。产品分类结果如表5-1-3所示。

表5-1-3　　　　　　　　　　产品类型分类

产品类型	化妆品	家电	化工产品	食品
客户名称	A	B	G	E
		C		F
		D		H

步骤二：分析快递客户服务中产生的费用

表中对2014年各客户涉及业务，包括仓储保管费、长途汽车运费、铁路代办运费、集装箱代办费、城市配送费和分拣加工费等所产生的费用进行整理。由此对对应快递客

户在快递服务中产生的年业务金额进行统计分析。分析结果如表5-1-4所示。

表5-1-4　　　　　　年业务金额分析　　　　　　单位：万元

客户名称	A	B	C	D	E	F	G	H
年业务金额	876	67	156	435	2677	123	74	493

步骤三：完成快递客户分类表

根据表5-1-4中对各客户年业务金额的统计分析，分别计算其所占2014年总业务金额的百分比，并将结果按照从大到小的顺序排序，由此对客户级别进行划分，如表5-1-5所示。

表5-1-5　　　　　　快递客户分类表

客户名称	年业务金额（万元）	百分比（%）	客户级别
E	2677	55	A
A	876	18	B
H	493	10	B
D	435	9	B
C	156	3	C
F	123	3	C
G	74	1	C
B	67	1	C
总计	4901	100	

任务评价

姓名		学号		专业	
任务名称		快递客户分类管理			

考核内容		考核标准	参考分值	学生自评（10%）	小组互评（30%）	教师评价（60%）	考核得分
职业素养评价	1	具有良好的沟通交流能力与一定的团队合作精神	10				
	2	具有一定的逻辑推理能力	10				
	3	完成工作任务时认真负责的态度	10				

考核内容		考核标准	参考分值	学生自评(10%)	小组互评(30%)	教师评价(60%)	考核得分
理论知识评价	4	了解客户分类的概念	10				
	5	理解客户分类的原因	10				
	6	掌握客户分类的方法	15				
技能操作评价	7	能够描述客户分类的概念	10				
	8	能够运用 ABC 分类法对客户登记进行分类	25				
总得分			100				

任务拓展

将学生分组，以小组的形式对周围几家快递企业进行网上或实地调研，收集其客户基本数据，进行 ABC 客户分类，并形成分类结果报告。

任务二　快递客户档案管理

任务导入

客户服务员徐丽在快递客户关系维护岗轮岗期间对客户档案进行整理，发现了一位企业客户由于之前工作的疏忽，其客户档案信息并不完整。她将情况告知了客户服务部门经理李磊，于是李磊要求客户服务员徐丽对该客户的档案重新整理并进行管理。那么她应该如何完成这项任务呢？

任务分析

针对本任务，客户服务人员徐丽需要首先对客户档案的基本概念、客户档案管理的作用等相关知识进行了解；同时需掌握客户档案管理的内容和基本流程方法，进而完成客户档案建立、维护、查询等工作。

任务准备

一、客户档案的基本概念

客户档案是企业在与客户交往过程中所形成的客户信息资料、企业自行制作的客户信用分析报告，以及对订购的客户资信报告进行分析和加工后，全面反映企业客户资信状况的综合性档案材料。建立合格的客户档案是企业信用管理的起点，属于企业信用管理和档案部门的基础性工作。

客户档案管理是企业营销管理的重要内容，是营销管理的重要基础。而不能把它仅仅理解为是客户资料的收集、整理和存档。建立完善的客户档案管理系统和客户管理规程，对于提高营销效率，扩大市场占有率，与交易伙伴建立长期稳定的业务联系，具有重要的意义。如图 5-2-1 所示。

图 5-2-1　客户档案管理

二、客户档案管理的作用

客户档案管理的作用主要有以下五种（如图 5-2-2 所示）。

1. 提高助销能力

要让客户档案成为帮助销售人员争取销售机会，提高成交效率的武器，因此必须依靠档案管理使销售人员形成特有的销售套路。

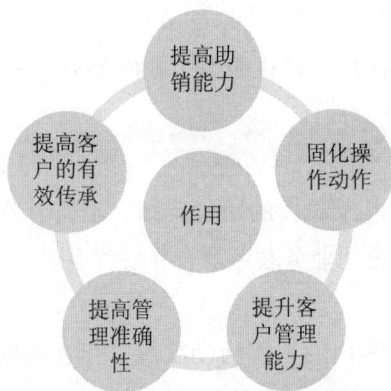

图 5 - 2 - 2　客户档案管理的作用

2. 固化操作动作

要能够实时的帮助销售人员记录销售信息，并能够通过填写这些信息，指导销售人员熟练掌握销售进攻的惯常动作及线路。

3. 提升客户管理能力

要能够通过客户档案对客户质量、客户问题、销售阶段进行分析，并优化销售动作及未来的客户结构。

4. 提高管理准确性

对于销售人员的指导与管理，必须建立在客户发展的基础上，因此，客户档案是最能够支持这方面管理动作的工具。

5. 提高客户的有效传承

档案要详细记录客户决策信息及关键商务过程，以便能够实现企业内部的传承过程。

三、客户档案管理的内容

档案管理人员负责本单位文件材料的形成、积累、保管和整理归档工作，保证归档文件材料完整、准确、系统，按要求对档案进行分类、整理、编目，并编制检索工具，能按要求快速、准确地查询所需档案。

1. 客户基础资料

客户基础资料主要是通过销售人员对客户进行的电话访问和电子邮件访问收集来的。在档案管理系统中，大多以建立客户数据库的形式出现。客户基础资料主要包括客户的基本情况、所有者、管理者、资质、创立时间、与本公司交易时间、企业规模、行业、资产等方面。

2. 客户特征

客户特征主要包括服务区域、销售能力、发展潜力、公司文化、经营方针与政策、企业规模、经营管理特点等。

3. 业务状况

业务状况主要包括目前以及过去的销售实绩、经营管理者和业务人员的素质、与其他竞争公司的关系、与本公司业务联系及合作态度等。

4. 交易活动现状

交易活动现状主要包括客户的销售活动状况、存在的问题、保持的优势、未来的政策、企业信誉与形象、信用状况、交易条件以及以往出现的信用问题等。

四、客户档案管理的方法

1. 建立客户档案管理卡

作为客户档案管理的基础工作——建立客户档案卡（又称客户卡、客户管理卡、客户资料卡等），采用卡的形式，主要是为了填写、保管和查阅方便。客户档案卡主要记载各客户的基础资料，这种资料的取得，主要通过以下三种形式。

（1）由客服人员或推销人员进行市场调查和客户回访时整理汇总，是最常用的一种方式。

（2）向客户寄送客户资料表，请客户填写。

（3）委托专业调查机构进行专项调查。

2. 客户档案分类管理方法

客户档案分类管理是指企业根据实际情况，确定客户等级标准，将现有客户分为不同的等级，以便于进行商品管理、销售管理和货款回收管理。另外，为便于客服人员巡回访问、外出推销和组织发货，也可按客户区域进行客户划分。首先，将客户划分为不同的区域；其次，再将各区域内的客户按照经济合理原则划分出不同的路径。

客户档案分类的方式有多种，主要原则是便于销售业务的开展。如按所有权划分（全民所有制、集体所有制、个体所有制、股份制、合资等）；按客户性质划分（制造企业、批发企业、零售企业等）；按客户地域划分（如北京地区的客户按照地理区域来划分）。

此外，常用的客户档案管理分类标准还有按客户购买规模划分为大型客户、中型客户和零散客户。按对企业利润的影响分为高盈利户、合理盈利户、微盈利户及亏损户等。因为各种方法适用的条件是不同的，所以每个企业都应根据客户服务的需要及客户的特征进行选择。有时需要几种客户档案管理分类方法结合使用，如第一层按客户性质划分，第二层再按贸易划分，以实现分类的客观性、逻辑性，并适应实际情况和客户服务的需要。

3. 客户档案构成分析管理

客户档案构成分析主要包括客户的销售构成分析，客户商品构成分析，客户地区构成分析以及客户信用构成分析。客户档案构成分析的具体内容和分析方法如表5-2-1所示。

表5-2-1　　　　　　　　　　　　　客户档案构成分析

分析内容	分析方法
销售构成分析	根据销售额等级分类，分析在企业的销售额中，各类等级的客户所占比重，并据此确定未来的营销重点
商品构成分析	通过分析企业商品总销售量中，各类商品所占的比重，以确定对不同客户的商品销售重点和对策
地区构成分析	通过分析企业总销售额中，不同地区所占的比重，借以发现问题，提出对策，解决问题
客户信用分析	在客户信用等级分析的基础上，确定对不同客户的交易条件、信用限度和交易业务处理方法

五、快递客户档案管理需准备的内容

快递客户档案管理需准备的内容，如表5-2-2所示。

表5-2-2　　　　　　　　　　　快递客户档案管理需准备的内容

项目		准备内容
环境准备	设备/道具	电脑、电话、记号笔、笔记本、客户档案卡
	主要涉及岗位角色	客户服务员徐丽
	软件	网络系统、办公软件
	涉及单据	快递单
制订计划	步骤一	收集客户档案资料
	步骤二	建立客户档案卡
	步骤三	客户档案维护更新
	步骤四	审核客户档案资料

任务实施

步骤一：收集客户基本资料

建立客户档案首先要专门收集客户与企业联系的所有信息资料，以及客户本身的

内外部环境信息资料。

有关客户最基本的原始资料，包括客户的名称、地址、电话以及联系人的电话、职位、手机、传真、E-mail 等，这些资料是客户管理的起点与基础，需要通过销售人员对客户的访问来收集、整理归档形成。收集客户的基本原始资料如表 5-2-3 所示。

表 5-2-3 客户原始资料

企业名称	远达制药公司	所属行业	医药
地址	上海市闵行区合川路 6 号	邮编	201100
联系人	严东	联系电话	021-11111111
职位	市场部经理	手机	18698524525
传真	021-11111111	E-mail	Yandong_574@163.com

步骤二：建立客户档案卡

通过客户基本信息的收集和进一步整理，建立如表 5-2-4 所示的客户档案资料卡。

表 5-2-4 客户档案资料卡

编号		KF-BG-0101A		

SECTION1　企业联系信息

企业名称	远达制药公司		地址	上海市闵行区合川路 6 号
联系人	姓名	严东	手机号码	18698524525
	职位	市场部经理	传真号码	021-11111111
	电话	021-11111111	E-mail	Yandong_574@163.com

SECTION2　客户概况

客户基本情况介绍及合作业务概述	远达制药公司成立于 1999 年，现有员工 580 多人，是华东地区最具竞争实力的医药制造企业。长风快递 2012 年开始与该企业建立合作。			
开始合作时间	2012 年 4 月	现合同起止时间	2012.4—2017.4	
客户等级	□一级	☑二级	□三级	备注：
回款周期	☑30 天	□30 天至 90 天	□90 天及以上	备注：
合作潜力	☑大	□中	□小	备注：

SECTION3　双方合作情况

主要运输线路信息：

运作单位	起点—终点	线路年营业额（万元）
长风快递	西安市内配送	170 万元
长风快递	上海—西安	80 万元

其他合作业务类型信息：

无

合同执行过程中需引起注意的问题	无

注：

填表人：徐丽　　　　　　　　　　　　　填表日期：2015 年 3 月 25 日

步骤三：客户档案维护更新

企业存档的客户资料也会存在"过期"的现象，例如客户更换联系人、更换联系方式等，所以每年都需要定期通过电话回访或者向客户发送邮件的方式，获取客户最新的资料信息。

于是客户服务员徐丽拨通了客户联系人严东的电话。

客服徐丽：严经理，您好！我是长风快递客服人员，徐丽。很抱歉在百忙中打扰您，今天给您打电话主要是想跟您确认一下贵企业的基本资料，以便于我们为贵企业提供更好的服务。

客户严东：好的。

客服徐丽：严经理，贵企业的地址是上海市闵行区合川路 6 号，对吗？

客户严东：嗯，对。

客服徐丽：您的联系电话和传真是 021 - 11111111，手机号码是 18698524525，E-mail 是 Yandong_574@163.com，这些信息有变动吗？

客户严东：联系电话和传真号换了，现在的联系电话和传真都是 021 - 11111112。

客服徐丽：嗯，好的，我记录一下。其他信息还有更换的吗？

客户严东：没有了。

客服徐丽：严经理，非常感谢您的配合，再见。

客户严东：好的，再见。

通过与客户严东沟通后，徐丽发现客户基础信息发生了变动，于是及时更新客户基础资料信息，如表 5 - 2 - 5 所示。

表 5 - 2 - 5　　　　　　　　　　更新后客户基础资料

企业名称	远达制药公司	所属行业	医药
地址	上海市闵行区合川路 6 号	邮编	201100
联系人	严东	联系电话	021 - 11111112
职位	市场部经理	手机	18698524525
传真	021 - 11111112	E - mail	Yandong _ 574@163. com

步骤四：审核客户档案资料

客户徐丽将远达制药公司的档案资料录入公司客户关系管理系统后，点击提交，等待系统审核确认，待系统审核完毕归档保存。

任务评价

姓名			学号		专业		
任务名称		快递客户档案管理					
考核内容		考核标准	参考分值	学生自评 (10%)	小组互评 (30%)	教师评价 (60%)	考核得分
职业素养评价	1	具有良好的沟通交流能力与一定的团队合作精神	10				
	2	具有一定的信息收集能力	10				
	3	完成工作任务时认真负责的态度	10				
理论知识评价	4	了解客户档案的概念与作用	10				
	5	掌握客户档案的内容与管理方法	10				
技能操作评价	6	能够正确填写客户基本信息	15				
	7	能够及时对客户档案进行更新	15				
	8	能够独自建立客户档案	20				
总得分			100				

任务拓展

将学生分组，以小组的形式对周围几家快递企业进行网上或实地调研，收集其客户基本数据资源，建立客户档案。最后，教师根据学生制作的资料卡进行点评和打分。

任务三　客户关系管理系统

任务导入

客户服务员徐丽在进行客户关系管理时，需要用到客户关系管理系统。但是她对该系统接触较少，无法熟练操作。于是部门经理李磊为她安排了一位前辈来对她进行指导，帮助她熟悉客户关系管理系统，并能熟练操作。那么她该向前辈请教些什么问题呢？

任务分析

针对本任务，客户服务员徐丽首先需要了解客户关系管理系统的含义，然后通过熟悉客户关系管理系统功能和页面，最终学会客户管理系统的基础操作。

任务准备

一、客户关系管理系统概述

随着市场需求的拉动、技术的推动和管理理念的更新，客户关系管理系统（CRM）应运而生。客户关系管理系统是利用信息科学技术，实现市场营销、销售、服务等活动自动化，是企业能更高效地为客户提供满意、周到的服务，以提高客户满意度、忠诚度为目的的一种管理经营方式。客户关系管理既是一种管理理念，又是一种软件技术。以客户为中心的管理理念是 CRM 实施的基础。如图 5 - 3 - 1 所示。

图 5 - 3 - 1　CRM

二、客户关系管理系统功能

客户关系管理系统一般包括以下功能。如图5-3-2所示。

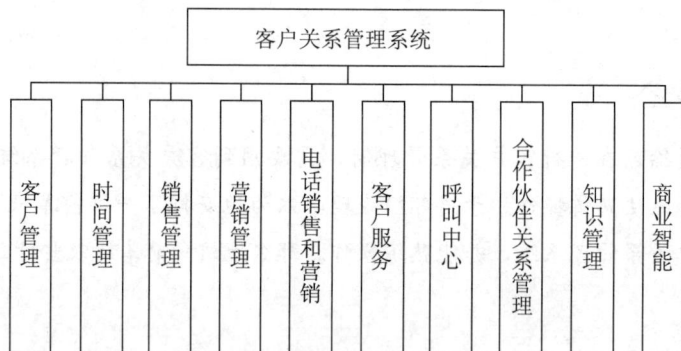

图5-3-2 CRM一般功能

1. 客户管理

客户管理主要包括：潜在客户管理（业务线索的记录、升级和分配；销售机会的升级和分配；潜在客户的跟踪）、客户基本信息、客户的内部机构的设置概况、与此客户相关的基本活动和活动历史、联系人的选择、订单的输入和跟踪、建议书和销售合同的生成等。

2. 时间管理

时间管理主要包括：工作日历；设计拜访、活动计划，有冲突时，系统会提示；进行事件安排；备忘录；进行团队事件安排；查看团队中其他人的安排，以免发生冲突；把事件的安排通知相关的人；任务表；预告/提示；记事本；电子邮件；传真等。

3. 销售管理

销售管理主要包括：组织和浏览销售信息；产生各销售业务的阶段报告；对销售业务给出战术、策略上的支持；对地域（省市、邮编、地区、行业、相关客户、联系人等）进行维护；把销售员归入某一地域并授权；地域的重新设置；销售费用管理；销售佣金管理等。

4. 营销管理

营销管理主要包括：产品和价格配置器；在进行营销活动（如广告、邮件、研讨会、网站、展览会等）时，能获得预先定制的信息支持；把营销活动与业务、客户、联系人建立关联；显示任务完成进度；提供类似公告板的功能，可张贴、查找、更新营销资料，从而实现营销文件、分析报告等的共享；跟踪特定事件；安排新事件，如研讨会、会议等，并加入合同、客户和销售代表等信息；信函书写、批量邮件，并与合同、客户、联系人、业务等建立关联；邮件合并；生成标签和信封等。

5. 电话销售和营销

电话销售和营销主要包括：电话本；生成电话列表，并把它们与客户、联系人和业务建立关联；把电话号码分配到销售员；记录电话细节，并安排回电；电话营销内容草稿；电话录音，同时给出书写器，用户可作记录；电话统计和报告等。

6. 客户服务

客户服务主要包括：服务项目的快速录入；服务项目的安排、调度和重新分配；事件的升级；搜索和跟踪与某一业务相关的事件；生成事件报告；服务协议和合同；订单管理和跟踪；问题及其解决方法的数据库等。

7. 呼叫中心

呼叫中心主要包括：呼入呼出电话处理；互联网回呼；呼叫中心运行管理；电话转移；路由选择；报表统计分析；管理分析工具；通过传真、电话、电子邮件、打印机等自动进行资料发送；呼入呼出调度管理等。

8. 合作伙伴关系管理

合作伙伴关系管理主要包括：对企业数据库信息设置存取权限，合作伙伴通过标准的 Web 浏览器以密码登录的方式对客户信息、企业数据库、与渠道活动相关的文档进行存取和更新；合作伙伴可以方便地读取与销售渠道有关的销售机会信息等。

9. 知识管理

知识管理主要包括：在站点上显示个性化信息；把一些文件作为附件贴到联系人、客户、事件概况等上；文档管理；对竞争对手的 Web 站点进行监测，如果发现变化的话，会向用户报告；根据用户定义的关键词对 Web 站点的变化进行监视等。

10. 商业智能

商业智能主要包括：预定义查询和报告；用户定制查询和报告；可看到查询和报告的 SQL 代码；以报告或图表形式查看潜在客户和业务可能带来的收入；通过预定义的图表工具进行潜在客户和业务的传递途径分析；将数据转移到第三方的预测和计划工具；柱状图和饼图工具等。

三、客户关系管理系统的特点

由于客户关系管理系统是依据以客户为中心、对客户需求周期中所涉及的各种要素进行系统化的管理为设计理念所设计出的，因此它具有以下特点。

（1）信息记录全面。客户关系管理系统不仅提供详细的客户信息，联系人记录，并可将与该客户交往的过程、往来邮件、相关文档、费用支出等进行详细记录。

（2）灵活的销售过程模板定义功能，有助于建立适合于本企业的规范模式。客户关系管理系统提供了销售过程的自定义功能，满足各企业的销售管理个性化需求，满

足一个企业多种不同产品或服务的销售管理。

（3）关注交付与售后服务，提升客户满意度。客户关系管理系统更加强调企业与客户的关系，关注有效提升客户满意度，在订单交付、售后服务方面提供管理平台，帮助企业维护好与客户的关系，将客户变成回头客和传播者。

四、客户关系管理系统需准备的内容

客户关系管理系统需准备的内容，如表 5-3-1 所示。

表 5-3-1　　　　　　　　　客户关系管理系统需准备的内容

项目		准备内容
环境准备	设备/道具	电脑、电话、记号笔、笔记本
	主要涉及岗位角色	客户服务员徐丽
	软件	网络系统、办公软件
	涉及单据	快递单
制订计划	步骤一	客户资料维护
	步骤二	业务活动管理
	步骤三	客户关系维护

任务实施

步骤一：客户资料维护

客户资料维护包括潜在客户信息管理和客户信息管理。管理的基本内容包括新客户信息维护、采集客户的有关信息、验证并更新客户信息和删除过时信息等。

1. 潜在客户信息管理

（1）基本信息管理。基本信息管理主要是完成潜在客户基础信息的管理，如图 5-3-3 所示。

（2）转换功能。在确认潜在客户有价值后，可将潜在客户转换为客户、联系人、业务机会，如图 5-3-4 所示。

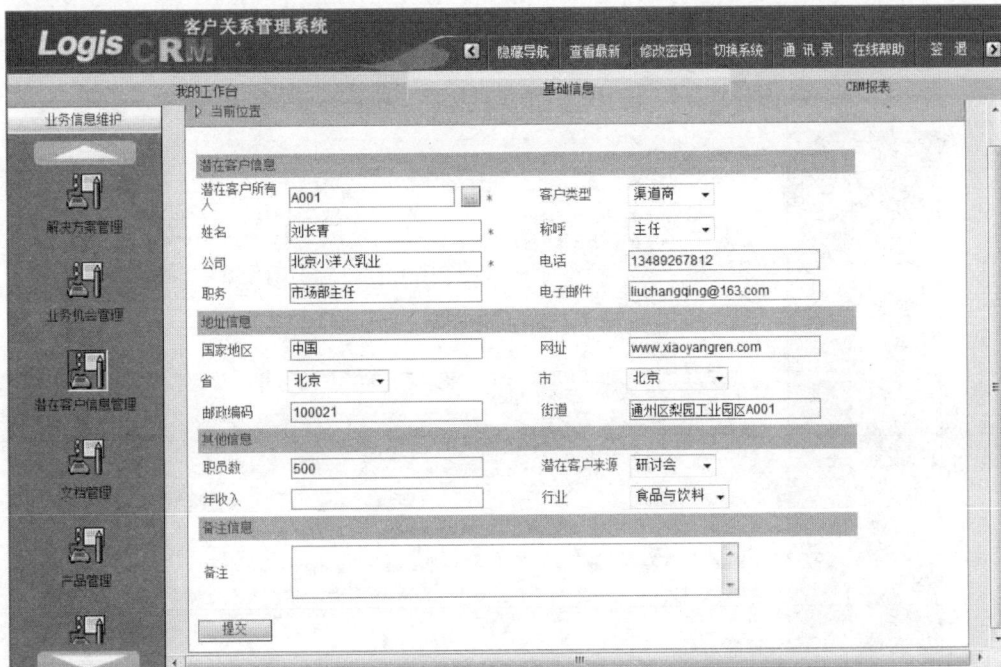

图 5‑3‑3　潜在客户基本信息管理

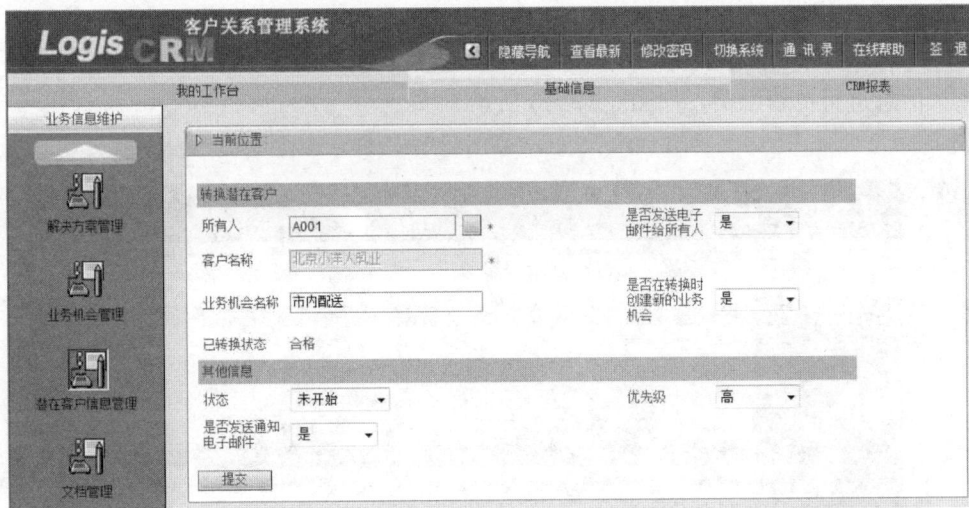

图 5‑3‑4　潜在客户转换管理

2. 客户信息管理

客户信息有两方面来源，一方面，可由潜在客户转换而来；另一方面，可在客户信息模块中新增客户，如图 5‑3‑5 所示。

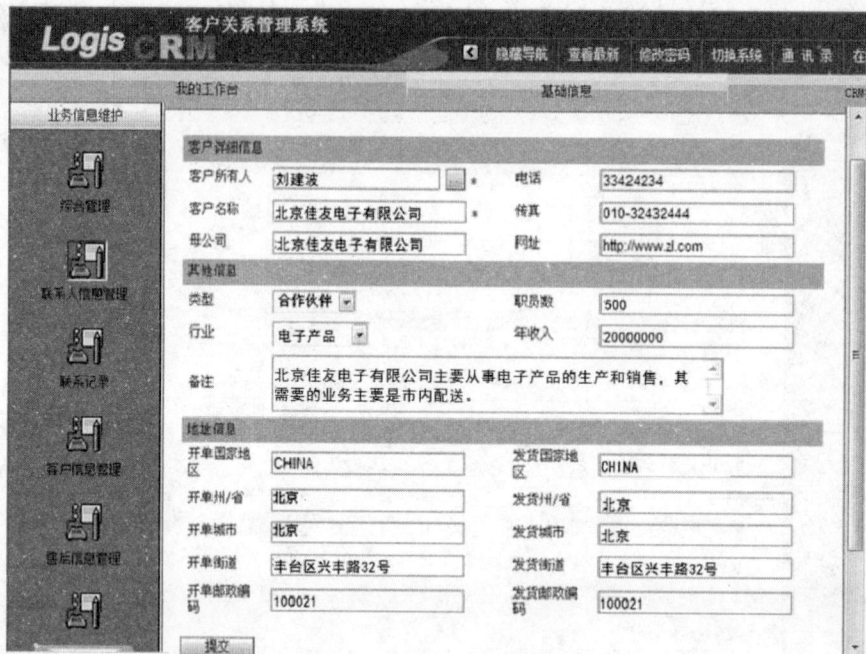

图 5‑3‑5 客户信息管理

3. 联系人管理

联系人管理是对客户的联系人基本信息的管理，可以针对联系人，也可针对现有联系人信息进行更新维护，如图 5‑3‑6 所示。

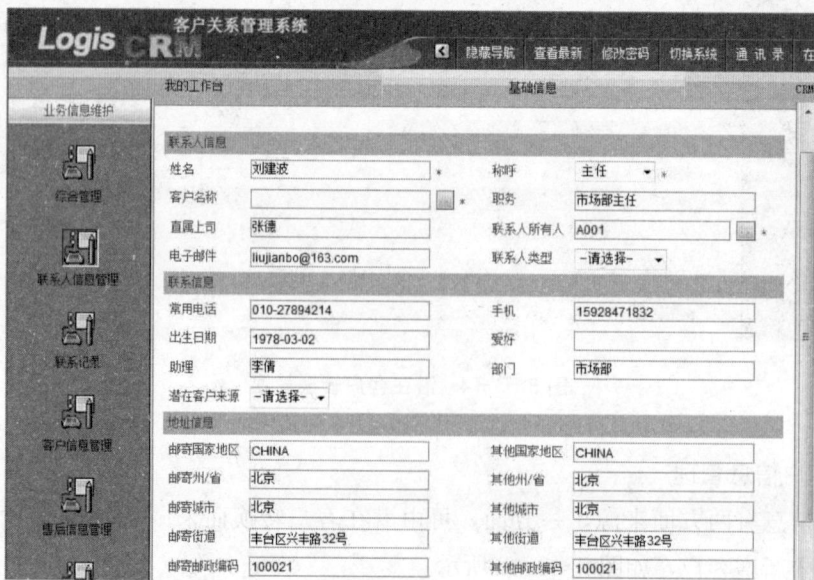

图 5‑3‑6 联系人管理

步骤二：业务活动管理

业务活动管理包括业务机会管理、市场活动管理、解决方案管理、合同信息管理、文档管理、产品管理、个案管理、意见管理和任务管理等。

1. 业务机会管理

业务机会信息有两方面来源，一方面，可由潜在客户转换而来；另一方面，可在业务机会信息模块中新增业务机会，如图 5-3-7 所示。

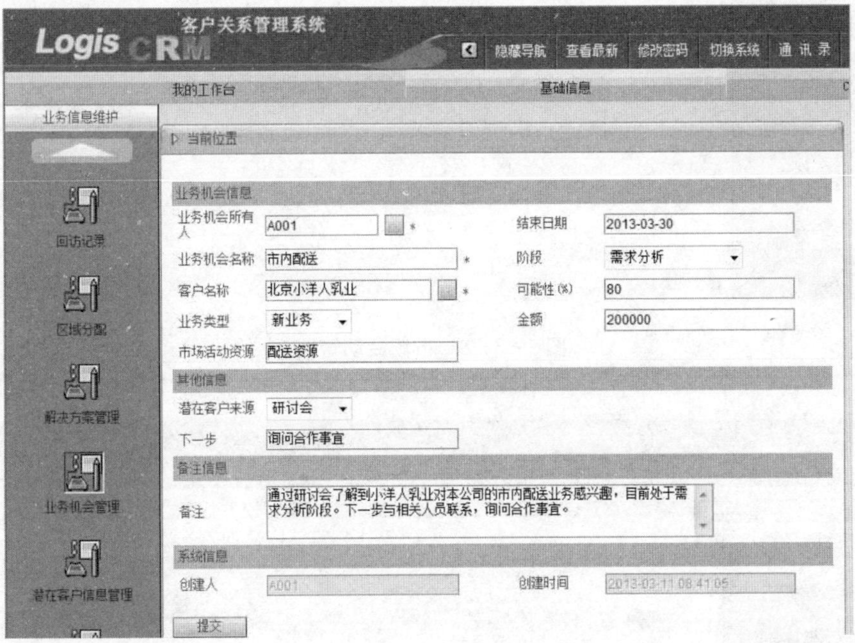

图 5-3-7　业务机会信息管理

2. 市场活动管理

市场活动管理是对企业所采取的市场活动的管理，如图 5-3-8 所示。

3. 解决方案管理

解决方案管理是对各项解决方案的汇总管理，通过解决方案管理能够方便相关人员查看相关的解决方案信息，如图 5-3-9 所示。

图 5-3-8　市场活动管理

图 5-3-9　解决方案管理

步骤三：客户关系维护

1. 联系记录

联系记录能够将与客户的联系记录集中管理，方便客服人员在与客户进行联系时查看联系记录，如图 5 - 3 - 10 所示。

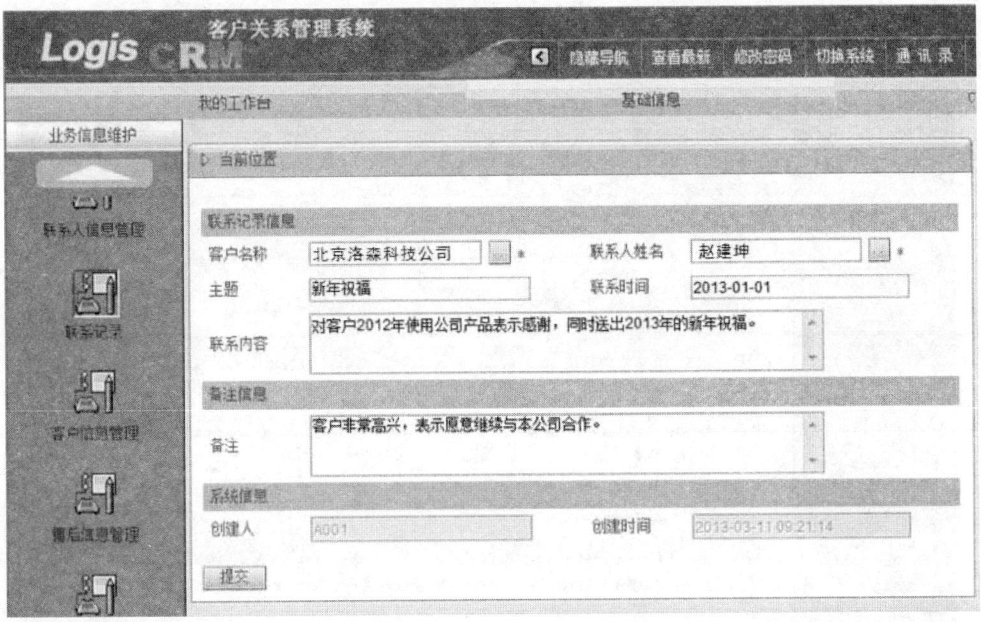

图 5 - 3 - 10　联系记录

2. 意见管理

客户意见集中管理，方便决策层查找相关信息，制订新的计划和方案，如图 5 - 3 - 11 所示。

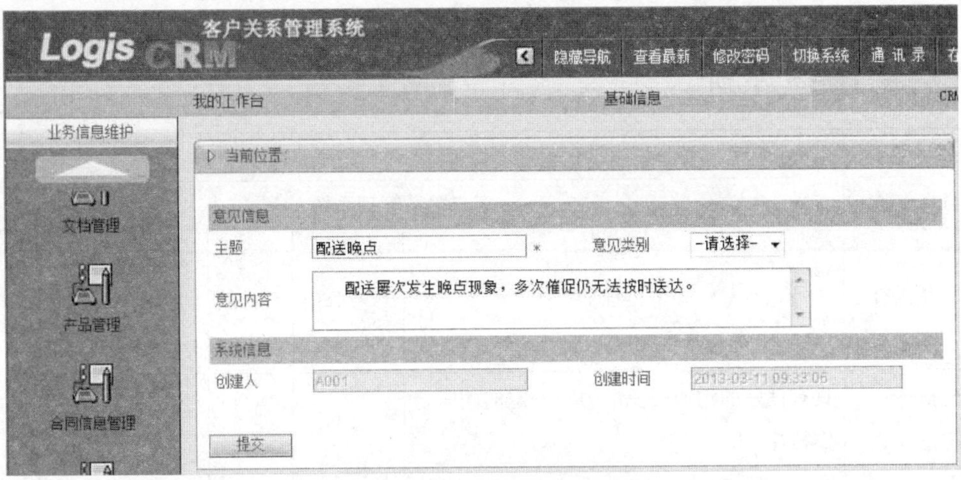

图 5 - 3 - 11　意见管理

3. 回访记录

详细记录各个客户的回访记录，包括回访时间、回访内容和回访结果等，有利于相关人员的查找和相关数据的调用，如图 5-3-12 所示。

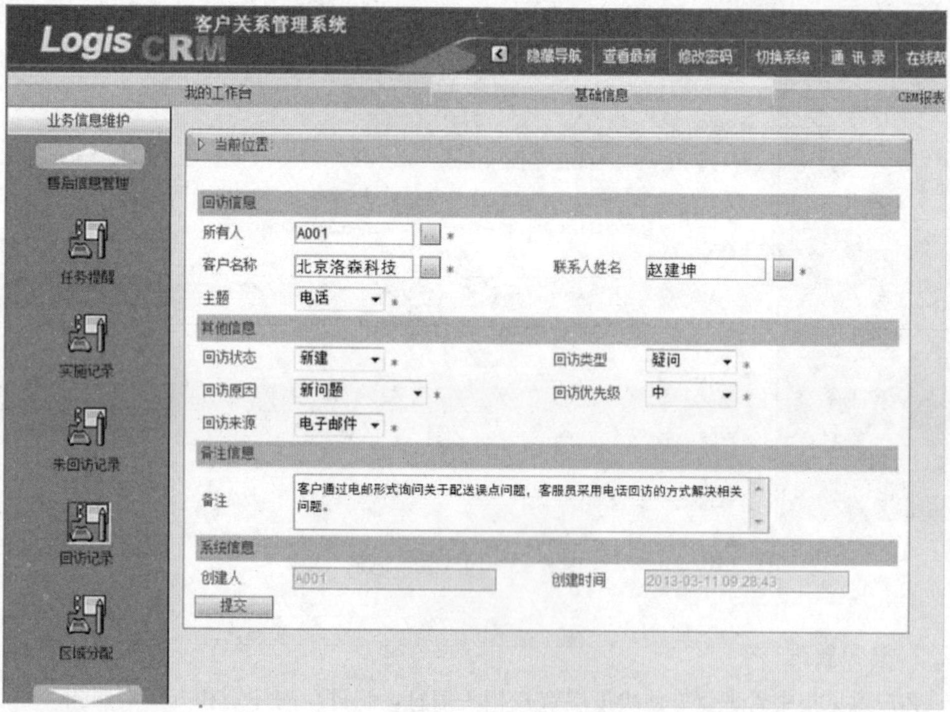

图 5-3-12 回访记录管理

任务评价

姓名		学号		专业					
任务名称		客户关系管理系统							
考核内容		考核标准		参考分值	学生自评（10%）	小组互评（30%）	教师评价（60%）	考核得分	
职业素养评价	1	具有良好的沟通交流能力与一定的团队合作精神		10					
	2	具有完成工作任务时认真负责的态度		10					

考核内容		考核标准	参考分值	学生自评(10%)	小组互评(30%)	教师评价(60%)	考核得分
理论知识评价	3	了解客户关系管理系统	10				
	4	掌握客户关系管理系统的一般功能	10				
	5	掌握客户关系管理系统的特点	10				
技能操作评价	6	能够利用客户关系管理系统进行客户资源维护	20				
	7	能够利用客户关系管理系统进行业务活动管理	15				
	8	能够利用客户关系管理系统进行客户关系维护	15				
总得分			100				

任务拓展

将学生分组，利用学校所具备的教学资源，将在上一个任务中的客户档案资料卡内的信息录入客户关系管理系统。

项目小结

通过项目五的学习，使学生了解快递客户关系维护中快递客户分类管理办法、快递客户档案管理办法以及客户关系管理系统的使用，熟悉快递客户关系维护的工作内容，掌握客户产品分类、客户档案维护更新和审核档案资料等相关内容，从而使学生能够按照要求完成所属工作任务，加深对快递客户关系维护的认知，尽快融入快递企业，为下一个项目的学习打下良好的基础。

实训练习

一、单选题

1. 下列属于快递采用客户分类管理原因的是（　　　）。

A. 不同的客户带来的价值不同

B. 客户查询的及时响应

C. 客户快件的加急处理

D. 处理客户的投诉

2. 下列不属于快递客户按照业务关系成熟度来分的是（　　）。

A. 潜在型客户　　　　　　　　　　　B. 交易型客户

C. 合同型客户　　　　　　　　　　　D. B 类客户

3. 客户档案是企业在与客户交往过程中所形成的客户信息资料、企业自行制作的客户信用分析报告，以及对订购的客户资信报告进行分析和加工后，全面反映企业客户资信状况的（　　）档案材料。

A. 特殊性　　　　B. 综合性　　　　C. 有效性　　　　D. 系统性

4. 下列属于快递客户档案管理的内容的是（　　）。

A. 提高助销能力　　　　　　　　　　B. 固化操作动作

C. 交易活动现状　　　　　　　　　　D. 提升客户管理能力

5. 客户关系管理系统是利用信息科学技术，实现市场营销、销售、服务等活动（　　），是企业能更高效地为客户提供满意、周到的服务，以提高客户满意度、忠诚度为目的的一种管理经营方式。

A. 智能化　　　　B. 现代化　　　　C. 信息化　　　　D. 自动化

二、判断题

1. 客户关系管理系统不仅提供详细的客户信息，联系人记录，并可将与该客户交往的过程、往来邮件、相关文档、费用支出等进行详细记录。（　　）

2. 客户关系管理既是一种管理理念，又是一种软件技术。以客户为中心的管理理念是 CRM 实施的基础。（　　）

3. 建立合格的客户档案是企业信用管理的终点，属于企业信用管理和档案部门的基础性工作。（　　）

4. 合同型客户：快递企业与客户根据一种具体的业务确立的合同关系，并在合同的指导下满足客户的要求。（　　）

5. 客户分类管理就是根据客户对于企业的贡献率等各个指标进行多角度衡量与分类，最终按一定的比例进行加权，将客户分成不同的层级，为企业的资源分配提供依据。（　　）

三、简答题

1. 采用客户分类管理的原因有哪些？

2. 客户档案的基本概念是什么？

3. 客户档案管理的作用有哪些？

4. 客户档案管理的内容有什么？

5. 客户关系管理系统的特点有哪些？

答案：

一、单选题

1. A　2. D　3. B　4. C　5. D

二、判断题

1. √　2. √　3. ×　4. √　5. √

三、简答题

1. 答：①不同的客户带来的价值不同；②企业必须根据客户的不同价值分配不同的资源；③不同价值的客户有不同的需求，企业应该分别满足；④客户分级是有效进行客户沟通、实现客户满意的前提。

2. 答：客户档案是企业在与客户交往过程中所形成的客户信息资料、企业自行制作的客户信用分析报告，以及对订购的客户资信报告进行分析和加工后，全面反映企业客户资信状况的综合性档案材料。

3. 答：①提高助销能力；②固化操作动作；③提升客户管理能力；④提高管理准确性；⑤提高客户的有效传承。

4. 答：①客户基础资料；②客户特征；③业务状况；④交易活动现状。

5. 答：①信息记录全面。客户关系管理系统不仅提供详细的客户信息，联系人记录，并可将与该客户交往的过程、往来邮件、相关文档、费用支出等进行详细记录。②灵活的销售过程模板定义功能，有助于建立适合于本企业的规范模式。客户关系管理系统提供了销售过程的自定义功能，满足各企业的销售管理个性化需求，满足一个企业多种不同产品或服务的销售管理。③关注交付与售后服务，提升客户满意度：客户关系管理系统加强调企业与客户的关系，关注有效提升客满意度，在订单交付、售后服务方面提供管理平台，帮助企业维护好与客户的关系，将客户变成回头客和传播者。

项目六　快递客户服务满意度的提升

项目导学

随着快递业的全面快速发展，人们对快递服务质量的要求不断提升。客户满意度在快递客户服务中有非常重要的作用，巩固现有的客户，提高客户的忠诚度往往被许多企业所忽视。巩固客户是一项长期、复杂的任务，同样吸引和争取更多、更有潜力的新客户对于任何企业来说都是关系到发展的头等大事。如何使客户满意，是快递业客户服务的关键一步。企业想要取得成功，就必须想方设法为客户服务，巩固老客户，开拓新客户，不断提升客户服务水平，增强客户的满意度。本项目从认知快递客户回访开始到快递客户服务满意度调查，帮助学生正确地填写客户回访登记表，按照客户满意度调查流程进行客户满意度调查工作。

学习目标

● **知识目标**

了解客户回访的定义及重要性；

熟悉客户满意度调查常用的方法；

掌握客户回访的主要方式和客户回访的具体流程。

● **能力目标**

能够正确填写客户回访登记表；

能够按照客户满意度调查流程进行客户满意度调查工作。

● **情感目标**

培养学生对快递客户服务岗位的热爱，加深对该岗位工作的认知；

养成细致认真的工作态度和吃苦耐劳的意志品质。

任务一 快递客户回访

任务导入

随着长风快递公司业务量的不断增大，公司客户也越来越多。为了抓住老客户和开发新客户，需要对新老客户进行回访。2015年3月30日，经理李磊将客户远达制药的信息交给客户服务员徐丽，希望她能够完成对其的回访工作。徐丽该如何完成这项任务呢？

任务分析

针对本任务，客户服务员徐丽要完成客户的回访工作，首先需要了解客户回访的定义及重要性，掌握几种回访的主要方法；其次掌握客户回访的具体流程；最后填写客户回访登记表并汇报总结。

任务准备

一、客户回访的定义及重要性

客户回访是企业用来进行服务满意度调查、客户需求行为调查、客户维系的常用方法，由于客户回访往往会与客户进行比较多的互动沟通，也是企业完善客户数据库，为进一步的交叉销售、向上销售所做的准备，所以尤为重要。

快递客户回访是快递客户服务的重要内容，做好快递客户回访是提升客户满意度的重要方法。快递客户回访对于快递企业来讲，不仅可以得到客户的认同，还可以创造更多的客户价值。充分利用客户回访技巧，特别是利用客户关系管理系统来加强客户回访会得到意想不到的效果。如图6-1-1所示。

通过快递客户回访，快递企业能够准确掌握每一个客户的基本情况和动态；通过了解客户需求，从而为客户提供更多、更优质的增值服务；从客户回访情况中发现自身存在的不足，及时进行改进和提高，提高客户满意度。

图6-1-1　客户回访

二、客户回访的主要方式

客户回访的方式主要包括上门回访、电话回访和信函回访。如图6-1-2所示。

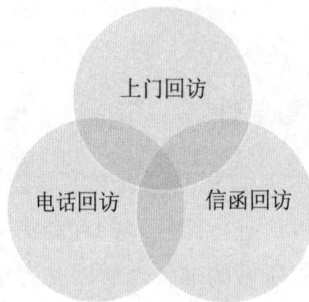

上门回访

电话回访　信函回访

图6-1-2　主要回访方式

1. 上门回访

这种回访方式适合出现处理服务失误，给客户带来极大不便或重大损失、客户提出赔偿金额较大并超出索赔标准、可能引起投诉升级的客户投诉时。

通过上门拜访，能够让客户感受到公司真诚歉意和对该投诉的重视程度，有利于化解危机事件，避免矛盾升级；同时能够获得第一手的资料，为客户提供解决建议和方案，树立公司良好的形象，以期重新赢得客户对公司的忠诚度和信心。

2. 电话回访

电话回访是"客户真实意思"的重要保障。通过电话回访，针对客户提出的问题，从客户服务的专业角度积极改进方案，同时能与重要客户建立积极融洽的合作关系，增进与客户的感情，减少客户的投诉率，提升客户满意度，促成终端营销。当然，在进行电话回访时，应注意回访的频率、回访时间及回访礼仪等。

3. 信函回访

信函回访的方式包括普通邮寄和电子邮件形式。书写商务信函时使用简单朴实的语言即可，准确地表达自己的意思，让对方清楚地了解你想说什么。对于客服人员而言，写一封表述得体、内容明确的信函，不仅要熟悉书信内容所涉业务或相关背景，还应了解中外书信的基本规范。按照现在通行的习惯，商务信函格式主要包括五个部分：称呼、正文、结尾、署名和日期。

三、客户回访的具体流程

客户回访的具体流程如图 6-1-3 所示。

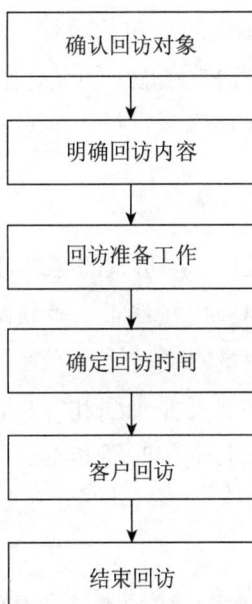

图 6-1-3　客户回访流程

1. 确定回访对象

（1）公司针对不同客户，按照 ABC 分类原则，对客户进行分类管理，根据公司客户的经营状况、付款及时性、配合工作的程度，并以这些指标作为评价和审核公司客户属于哪个级别，最后确定回访客户对象。对于 A 类客户由部门经理进行跟踪回访；B 类客户由部门主管进行跟踪回访；C 类客户由部门职员进行跟踪回访。

（2）对公司服务质量投诉比较多、问题比较大和对公司的发展和管理提出有建设

性意见的客户以及对公司有强烈不满的重点客户由部门经理进行回访；对公司服务质量投诉相对较少、问题较小的客户由部门主管或职员进行回访。

(3) 各部门可以根据各自的情况，划分区域负责，责任到人，由负责人根据属于本区域内客户的实际情况安排回访的先后顺序，确定回访的对象。

2. 明确回访内容

(1) 调查客户对公司服务的满意度。

(2) 了解客户真正的服务需求，收集相关信息。

(3) 解决客户在享受快递服务中遇到的实际问题。

(4) 加强与客户的沟通，根据客户的意见和建议，不断改进以后的客户关系维护工作。

3. 回访准备工作

(1) 了解和掌握将要回访客户的基本情况，对客户存在的问题和相关知识要理解，做好有针对性的回访计划。

(2) 准备好与回访客户相关的资料，包括地址、电话、性格、兴趣爱好、经营情况等。切实地解决客户的问题，打消其顾虑，加强合作基础。

(3) 在回访前应主动与客户取得联系，征求同意并约定好回访时间、地点后，方可进行回访。

4. 确定回访时间

回访客户的时间安排，应该根据不同形式的客户而定。

(1) 对那些投诉次数频繁、问题比较严重、亟须解决的客户，要抓紧时间安排回访，尽快与客户取得联系，及时商量解决。

(2) 对那些问题比较少，回访目的是加强和客户合作关系的客户，可以按具体的情况安排。对于这类客户可以根据其空闲时间和本公司人员的繁忙程度灵活安排回访时间。

5. 客户回访

(1) 回访人员要求言谈举止得体，做到整洁大方、礼貌友好、不卑不亢，保持公司良好形象。

(2) 回访人员要通过恰当的问候，从关心客户和家人入手，拉近距离、培养感情，注意与客户和家人及周围的朋友建立良好的关系。

(3) 通过与客户沟通，了解客户真正存在的问题和需要解决的问题，根据客户的不同态度，选择谈话的内容，提出不同的建议和要求。

6. 结束回访

(1) 对客户提出的问题给予明确的答复。

(2) 给客户再次讲明回访目的，并表示感谢，为下一次回访做好铺垫。

（3）认真及时总结回访结果、处理方法及客户的有关情况，做相关记录。

（4）向上一级汇报回访情况，遇到疑难问题应组织会议进行讨论交流，寻找解决问题的方法，总结经验教训。

四、客户回访登记表

客户服务人员在完成客户回访工作后，需要对客户回访的情况进行记录，制作和填写客户回访登记表，及时反映和处理客户回访中出现的问题。客户回访登记表的内容主要包括：客户姓名、联系方式、回访方式、回访内容、回访内容记录、处理方式及结果、遗留问题的跟踪处理和客户意见等内容。如表6-1-1所示。

表6-1-1　　　　　　　　　　　客户回访登记表

回访人：　　　　　　　　　　　　　　　　　　　　　　回访时间：

客户名称		地址			邮编	
被访人		电话		传真		
职务		E-mail		类别	□使用人员　□管理人员	
回访方式	□首次电话回访　　□常规电话回访　　□现场回访　　□其他					
回访内容	□1. 业务使用情况　　□2. 业务问题反馈　　□3. 企业服务响应情况　　□4. 人员变动情况 □5. 其他需求					
客户回访内容记录	1. 业务质量评价： 2. 客服响应情况和评价： 3. 意见和建议（您认为我企业在业务、服务哪方面需改进或者有什么要求，请提出您的宝贵意见）： （非常感谢您的合作，如果您在使用中有什么问题，请随时和我们联系，我们将为您提供最好的服务。）					
处理方式及结果	电话或现场答复记录：					
遗留问题处理跟踪	遗留问题： 提交日期： 解决结果跟踪：					

客户意见					
回访人员		填写日期		主管审批	日期：

注：1. 此单用于回访服务时填写。

　　2. 此单由回访人员填写，回访结束后提交部门主管领导审批后，交企业本部门文员归档。

　　3. 服务人员现场回访完毕后，请客户签名盖章确认。

五、快递客户回访需准备的内容

快递客户回访需准备的内容，如表 6-1-2 所示。

表 6-1-2　　　　　　　　　　快递客户回访需准备的内容

项目		准备内容
环境准备	设备/道具	电脑、电话、记号笔、笔记本、客户回访登记表
	主要涉及岗位角色	客户服务员徐丽、远达制药客户代表严东
	软件	网络系统、办公软件
制订计划	步骤一	确定回访对象
	步骤二	明确回访内容
	步骤三	回访准备工作
	步骤四	确定回访时间
	步骤五	客户回访
	步骤六	结束回访

任务实施

步骤一：确定回访对象

客户服务部门经理将客户远达制药的相关资料交给了客户服务员徐丽，要求她对该客户进行回访。收集资料并整理后，得到该客户的基础资料，如表 6-1-3 所示。

表 6-1-3　　　　　　　　　　客户基础资料

企业名称	远达制药公司	所属行业	医药
地址	上海市闵行区合川路 6 号	邮编	201100
联系人	严东	联系电话	021-11111112
职位	市场部经理	手机	18698524525
传真	021-11111112	E-mail	Yandong_574@163.com

步骤二：明确回访内容

通过查询发现，远达制药公司是一家制药生产企业，目前其主要业务需求是市内配送业务。公司近期与远达制药的业务联系非常紧密，此次回访的主要目的是了解客户对公司的业务是否满意，以及了解客户对公司业务是否有什么建议。

根据客户的基本资料和最近业务情况制订客户回访计划，包括客户的客户名称、计划回访时间/地点、回访内容、回访方式、回访目的等，具体内容如表6-1-4所示。

表 6-1-4　　　　　　　　　　　客户回访计划

回访人：徐丽　　　　　　　　　　　　　　　　　　　　　时间：2015.03.30

客户名称	计划回访 时间/地点	回访方式	回访目的	备注
远达制药	2015 年 4 月 1 日，上海市闵行区合川路 6 号	上门回访	了解客户对公司的业务是否满意，以及了解客户对公司业务是否有什么建议	

步骤三：回访准备工作

明确了回访内容后，开始准备回访所需要的一系列资料。根据客户回访计划准备客户回访的相关资料，包括客户基本情况（姓名、联系方式等）、客户服务的相关记录、企业的宣传画册以及客户的消费特点等。

图 6-1-4　客户企业宣传画册

同时，还需要确定回访主体内容。客户回访人员在与客户沟通中是企业的"发言人"，客户回访过程中，客户回访人员所讲的内容代表企业。因此，回访的内容必须要

注意维护企业形象，需要提前做好充分的准备。

步骤四：确定回访时间

做好回访准备工作后，采用电话预约的方式进行客户回访预约，通过与客户沟通确定回访具体的时间和地点。

电话接通后，客户回访人员首先应当礼貌地做自我介绍，询问客户是否愿意接受公司的上门拜访。若客户同意，约定具体的拜访时间和地点，同时告知客户拜访所需要的大致时间及拜访的主要内容。若客户不同意拜访，则询问缘由。对于不愿意被打扰的客户，礼貌地结束谈话；对于近期没有时间的客户，约定下次的拜访时间。

联系远达制药公司市场部经理严东，他表示很乐意接受这次回访，于是，与其约定 4 月 1 日上午 9 时进行上门拜访。

步骤五：客户回访

客户回访人员徐丽需准时到达回访地点，开展回访工作。首先客户回访人员徐丽向客户代表严东表示问候，感谢对方使用企业的业务，并简要说明此次回访的主要目的。根据回访计划进行客户的回访工作，在回访过程中，客户回访人员徐丽需全面地了解客户的需求，了解客户对于企业业务使用的体验，了解客户对企业服务的意见和建议等。

同时，客户回访人员徐丽需要根据回访内容认真填写客户回访记录表，具体如表 6-1-5 所示。最后，向客户表示感谢，使此处客户回访成为与客户增加感情的会面。

表 6-1-5　　　　　　　　　　　客户回访记录表

回访人：徐丽　　　　　　　　　　　　　　　　　　回访时间：2015.04.01

客户名称	远达制药公司	地址	上海市闵行区合川路 6 号	邮编	201100
被访人	严东	电话	021-11111112	传真	021-11111112
职务	市场部经理	E-mail	Yandong_574@163.com	类别	☐使用人员 ☑管理人员
回访方式	☐首次电话回访　☐常规电话回访　☑现场回访　☐其他				
回访内容	☑1.业务使用情况　☑2.业务问题反馈　☐3.企业服务响应情况　☐4.人员变动情况　☐5.其他需求				

客户回访 内容记录	1. 业务质量评价： 快递服务人员服务态度良好，基本没有货损情况的发生。 2. 客服响应情况和评价： 向客户反馈意见后，解决问题速度快速，对此很满意。 3. 意见和建议（您认为我企业在业务、服务哪方面需改进或者有什么要求，请提出您 的宝贵意见）： 配送过程中会发生误点的情况，希望今后能提高配送速度。
处理方式 及结果	电话或现场答复记录： 尽快排查快件误点原因，且进行相应的员工技能培训，以提高配送作业效率。
遗留问题 处理跟踪	遗留问题： 无 提交日期： 解决结果跟踪：
客户意见	满意

回访人员	徐丽	填写日期	2015.04.01	主管审批	李磊	日期：2015.04.02

注：1. 此单用于回访服务时填写。

　　2. 此单由回访人员填写，回访结束后提交部门主管领导审批后，交企业本部门文员归档。

　　3. 服务人员现场回访完毕后，请客户签名盖章确认。

步骤六：结束回访

在客户回访结束后，客户服务员徐丽对客户回访记录表进行整理，从中提炼主要结论，并撰写客户回访报告。最后通过邮件发送给客户及公司内部相关人员，以便将客户回访中达成的共识进一步落实。

主管领导对客户回访记录表以及回访结论和报告进行审查，提出指导意见和提供处理意见，并按时上缴客户回访记录表和处理意见给企业领导审阅。

最后客户服务部档案管理相关人员对客户回访记录表进行汇总，并经过整理归档后予以保存，以备参考。

任务评价

姓名			学号		专业			
任务名称				快递客户回访				
考核内容		考核标准		参考分值	学生自评 (10%)	小组互评 (30%)	教师评价 (60%)	考核得分
职业素养评价	1	具有团结合作的精神		10				
	2	具有良好的语言表达能力，能与客户进行有效的沟通		10				
	3	完成工作任务时认真负责的态度		10				
理论知识评价	4	了解客户回访的定义与重要性		10				
	5	掌握客户回访的几种主要方式		10				
	6	掌握客户回访流程		10				
技能操作评价	7	能够填写客户回访登记表		20				
	8	能够按照客户回访流程进行客户回访		20				
总得分				100				

任务拓展

客服人员按照部门经理要求，近期需完成对客户 A 的回访工作。客户 A 一直是公司的老客户，但最近几个月的业务量一直降低，与公司的合作越来越少，为了维护与客户 A 之间的合作关系，加强相互之间合作，特此安排了这次客户回访工作。

将学生分组，分别扮演客户服务人员和客户。根据任务情境和所学知识，按照客户回访工作流程，分角色模拟演练回访过程。教师及其他同学进行观摩，并对这个小组回访工作情况进行点评。

任务二　快递客户服务满意度调查

任务导入

经过对部分客户的回访工作，发现还是存在部分客户对长风快递的服务质量存在一定的不满。因此，为了更好地改进公司快递服务，客户服务部门经理李磊安排客户服务员徐丽对新老客户开展客户满意度调查。那么徐丽应该如何完成这项任务呢？

任务分析

针对本任务，客户服务人员徐丽要完成客户满意度的调查任务，首先需要了解客户满意度调查的相关概念，以及熟悉客户满意度调查常用的方法，然后掌握客户满意度调查流程，并按照此流程进行客户满意度调查工作。

任务准备

一、客户满意度调查概述

1. 客户满意度

在快递客户服务中，客户满意度是指客户对快递服务的满意程度。客户满意度是企业经营"质量"的衡量方式。"满意水平"是可感知效果与期望值之间的差异。如果可感知效果低于期望，客户就会不满意；如果可感知效果与期望值相匹配，客户就会满意；如果可感知效果高于期望，客户就会高度满意。

客户满意度也是客户对企业的一种感受状态，并且在这种感受状态下更容易激发交易行为的发生。

2. 客户满意度调查

测量客户满意度的过程就是客户满意度调查。实践证明，客户满意度调查是客户对企业管理问题满意度的晴雨表。在调查的过程中可以了解客户的想法，发现客户的潜在要求，明确客户的需求与期望，从而找出与客户满意或不满意的直接相关的关键因素，诊断出公司潜在的问题并采取措施予以纠正。从一定角度说，测定客户满意度的目的是为了改善产品与服务的品质，为客户提供绝佳的客户体验，但最终的目的是为了增强企业的市场竞争能力和企业盈利能力。

二、客户满意度调查方法

目前，客户满意度调查通常采用的方法主要有以下三种。如图6-2-1所示。

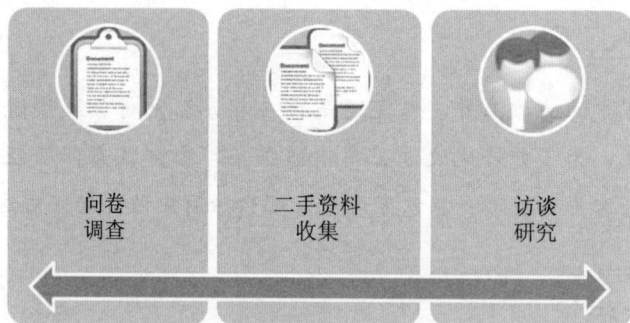

图6-2-1 客户满意度调查的方法

1. 问卷调查

这是一种最常用的客户满意度数据收集方式。问卷中包含很多问题，需要被调查者根据预设的表格选择该问题的相应答案，客户从自身利益出发来评估企业的服务质量、客户服务工作和客户满意水平。

2. 二手资料收集

二手资料大都通过公开发行刊物、网络、调查企业获得，在资料的详细程度和资料的有用程度方面可能存在缺陷，但是可以作为我们深度调查前的一种重要的参考。如图6-2-2所示。

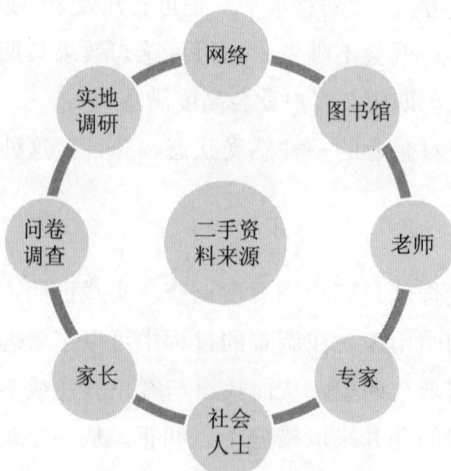

图6-2-2 二手资料的来源

3. 访谈研究

访谈研究包括内部访谈、深度访谈和焦点访谈三种。

（1）内部访谈是对二手资料的确认和重要补充。通过内部访谈，可以了解企业经营者对所要进行的项目的大致想法，也是发现企业问题的最佳途径。

（2）深度访谈是为了弥补问卷调查存在的不足，在必要时实施的典型用户深度访谈。深度访谈是针对某一论点进行一对一的交谈，在交谈过程中提出一系列探究性问题，用以探知被访问者对某事的看法，或做出某种行为的原因。

（3）焦点访谈是为了更周全地设计问卷或者为了配合深度访谈。焦点访谈就是一名经过企业训练过的访谈员引导 8～12 人（客户）对某一主题或观念进行深入的讨论。

三、客户满意度调查流程

客户满意度调查流程，如图 6-2-3 所示。

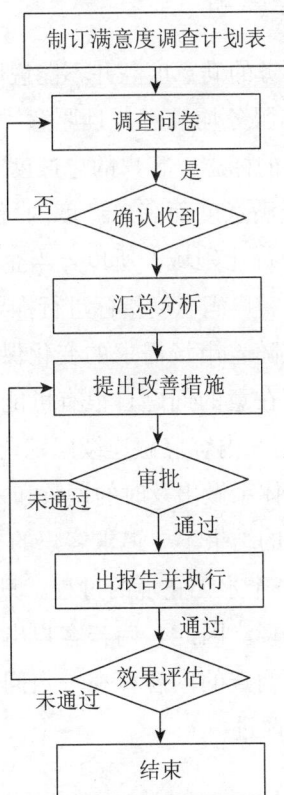

图 6-2-3　客户满意度调查流程

首先，明确调查目的，从而确定需要调查的基本内容，并根据基本内容设计满意度调查计划表。

其次，满意度调查计划表设计完成后，选择需要调查的对象并发放调查问卷表。

再次，下发问卷后在一定的时间内回收客户反馈的调查问卷表，并经过整理后发放到相关部门，并针对调查结果进行汇总分析。

最后，根据汇总分析的结果，提出改善措施，并按照执行、效果评估、再改善的流程进行改善措施的具体实施。

针对客户满意度调查结果分析，常用的方法有：方差分析法、休哈特控制图、双样本 T 检验、过程能力直方图和 Pareto 图等。因此为了客观地反映客户满意度，企业必须确定、收集和分析适当的客户满意度数据并运用科学有效的统计分析方法，以证实质量管理体系的适宜性和有效性，并评价在何处可以持续改进。客户满意度数据的分析将提供：客户满意度与服务要求的符合性；过程和服务的特性及趋势，包括采取预防措施的机会；持续改进和提高产品或服务的过程与结果；不断识别客户，分析客户需求变化情况。

四、客户满意度调查注意事项

首先，要明确客户对企业服务的满意度高并不能说明其对企业的忠诚度也同样高。只有对自己购买和使用的产品和服务均满意，且愿意一直使用或者再次购买，并推荐给身边的朋友等，才是忠诚客户的标志。客户的忠诚度与否还与行业的竞争强度有关。一般情况下，电信业就是一个低满意度而高忠诚度的行业领域，而电脑、汽车等行业就是相对高满意度而低忠诚度的行业领域。所以，当企业调查的目的是为了了解或预测客户忠诚度时，不要轻易地从客户满意度指标进行推导。

其次，满意度测定内容应该随着市场需求的变化保持与时俱进。随着市场及客户需求日新月异，今天客户可能不在意的问题，很有可能成为客户明天所关心的"焦点问题"。因此，对客户的期望和要求内容应做连续跟踪研究，从而了解客户期望和要求的变化趋势，并对客户满意指标体系做出及时的调整和采取相应的应对措施。

最后，对于客户满意度调查的结果不要追求客户的"百分百满意"。所谓"没有最好，只有更好"，服务也应该是一个永无止境的过程。只有客户的不满意，才能鞭笞企业不断提高服务水平，更上一层楼。因此，倘若客户出现"百分百满意"时，我们不禁要进行反思，是否调查方法或调查的内容存在一定问题，无法显示出客户满意度调查的真正意义，对此需要进一步改进。

五、客户满意度调查需准备的内容

客户满意度调查需准备的内容，如表6-2-1所示。

表6-2-1　　　　　　　　客户满意度调查需准备的内容

项目		准备内容
环境准备	设备/道具	电脑、电话、记号笔、笔记本、调查问卷
	主要涉及岗位角色	客户服务员徐丽、客户
	软件	网络系统、办公软件
制订计划	步骤一	明确调查目的
	步骤二	设计调查问卷
	步骤三	发放调查问卷
	步骤四	回收调查问卷
	步骤五	分析调查问卷
	步骤六	改进计划和执行

任务实施

步骤一：明确调查目的

经过上一次的客户回访工作，客户服务员徐丽发现仍有部分客户对长风快递的服务质量存在一定不满。通过分析回访资料，最终确定开展以调查企业印象方面、作业质量方面、服务水平方面、服务价格方面为主要内容的客户满意度调查。

步骤二：设计调查问卷

针对上一步骤所明确出的调查目的，客户服务员徐丽根据其内容设计了长风快递公司客户满意度调查问卷。具体内容如表6-2-2所示。

表6-2-2　　　　　　　　快递客户满意度调查问卷

长风快递公司客户满意度调查问卷

尊敬的客户：

您好！为了帮助我们不断改善服务质量，使您享受到更优质的服务，特请您填写此问卷，您对长风快递真实的评价和满意度情况对我们服务的改进非常重要。这份问卷大约花费您5分钟的宝贵时间。长风快递感谢您多年来的支持！欢迎您提出宝贵的意见，并一如既往地支持和使用长风快递公司为您提供的快递服务！

非常感谢，祝您一切都好！

长风快递公司

第一部分：客户基本信息

1. 您的姓名

2. 所属行业

A. 交通行业　　　　B. IT/电子业　　　　C. 机械制造业　　　D. 医药业

E. 服装纺织业　　　F. 金融业　　　　　G. 汽配业　　　　　H. 印刷广告业

I. 日化工业　　　　J. 其他行业

3. 您与长风快递合作的年限

4. 您经常合作的营业部（只填一个合作最多的营业部即可）

第二部分：调查内容

• 企业印象方面

1. 总体而言，您对长风快递的整体表现（　　　）。

A. 非常满意　　　B. 满意　　　　C. 一般　　　　D. 不满意　　　E. 非常不满意

2. 总体而言，您对长风快递在货物安全方面的表现（　　　）。

A. 非常满意　　　B. 满意　　　　C. 一般　　　　D. 不满意　　　E. 非常不满意

3. 总体而言，您对长风快递价格的整体表现（　　　）。

A. 非常满意　　　B. 满意　　　　C. 一般　　　　D. 不满意　　　E. 非常不满意

4. 总体而言，您对长风快递在时效方面的表现（　　　）。

A. 非常满意　　　B. 满意　　　　C. 一般　　　　D. 不满意　　　E. 非常不满意

5. 总体而言，您对长风快递的上门接货服务的整体表现（　　　）。

A. 非常满意　　　B. 满意　　　　C. 一般　　　　D. 不满意　　　E. 非常不满意

6. 总体而言，您对长风快递的营业网点的整体表现（　　　）。

A. 非常满意　　　B. 满意　　　　C. 一般　　　　D. 不满意　　　E. 非常不满意

7. 总体而言，您对长风快递送货上门服务的整体表现（　　　）。

A. 非常满意　　　B. 满意　　　　C. 一般　　　　D. 不满意　　　E. 非常不满意

8. 总体而言，您对长风快递 400 客服电话整体表现（　　　）。

A. 非常满意　　　B. 满意　　　　C. 一般　　　　D. 不满意　　　E. 非常不满意

9. 总体而言，您对长风快递的代收款服务的整体表现（　　　）。

A. 非常满意　　　B. 满意　　　　C. 一般　　　　D. 不满意　　　E. 非常不满意

10. 总体而言，您对长风快递网上营业厅的整体表现（　　　）。

A. 非常满意　　　B. 满意　　　　C. 一般　　　　D. 不满意　　　E. 非常不满意

11. 总体而言，您对长风快递理赔服务的整体表现（　　　）。

A. 非常满意　　　B. 满意　　　　C. 一般　　　　D. 不满意　　　E. 非常不满意

• 作业质量方面

1. 货物包装安全（　　　）。

A. 非常满意　　　B. 满意　　　　C. 一般　　　　D. 不满意　　　E. 非常不满意

2. 装卸安全（　　）。

A. 非常满意　　　　B. 满意　　　　C. 一般　　　　D. 不满意　　　　E. 非常不满意

3. 运输安全（　　）。

A. 非常满意　　　　B. 满意　　　　C. 一般　　　　D. 不满意　　　　E. 非常不满意

4. 货物运输速度（　　）。

A. 非常满意　　　　B. 满意　　　　C. 一般　　　　D. 不满意　　　　E. 非常不满意

5. 运输稳定性（　　）。

A. 非常满意　　　　B. 满意　　　　C. 一般　　　　D. 不满意　　　　E. 非常不满意

6. 货物跟踪（　　）。

A. 非常满意　　　　B. 满意　　　　C. 一般　　　　D. 不满意　　　　E. 非常不满意

7. 异常情况通知（　　）。

A. 非常满意　　　　B. 满意　　　　C. 一般　　　　D. 不满意　　　　E. 非常不满意

8. 通知提货及时性（　　）。

A. 非常满意　　　　B. 满意　　　　C. 一般　　　　D. 不满意　　　　E. 非常不满意

• 服务水平方面

1. 接件、送件的准时性（　　）。

A. 非常满意　　　　B. 满意　　　　C. 一般　　　　D. 不满意　　　　E. 非常不满意

2. 接件、送件的时间安排合理性（　　）。

A. 非常满意　　　　B. 满意　　　　C. 一般　　　　D. 不满意　　　　E. 非常不满意

3. 接件员、送件员业务熟练程度（　　）。

A. 非常满意　　　　B. 满意　　　　C. 一般　　　　D. 不满意　　　　E. 非常不满意

4. 接件员、送件员服务态度（　　）。

A. 非常满意　　　　B. 满意　　　　C. 一般　　　　D. 不满意　　　　E. 非常不满意

5. 接件员、送件员主动沟通能力（　　）。

A. 非常满意　　　　B. 满意　　　　C. 一般　　　　D. 不满意　　　　E. 非常不满意

6. 接件员、送件员形象（　　）。

A. 非常满意　　　　B. 满意　　　　C. 一般　　　　D. 不满意　　　　E. 非常不满意

7. 异常情况通知（　　）。

A. 非常满意　　　　B. 满意　　　　C. 一般　　　　D. 不满意　　　　E. 非常不满意

• 服务价格方面

1. 收费合理性（　　）。

A. 非常满意　　　　B. 满意　　　　C. 一般　　　　D. 不满意　　　　E. 非常不满意

2. 附加费用合理性（　　）。

A. 非常满意　　　　B. 满意　　　　C. 一般　　　　D. 不满意　　　　E. 非常不满意

3. 收费项目清晰度（　　）。

A. 非常满意　　　　B. 满意　　　　C. 一般　　　　D. 不满意　　　　E. 非常不满意

4. 价格灵活性（　　）。

A. 非常满意　　　　B. 满意　　　　C. 一般　　　　D. 不满意　　　　E. 非常不满意

5. 收费稳定性（　　）。

A. 非常满意　　　　B. 满意　　　　C. 一般　　　　D. 不满意　　　　E. 非常不满意

6. 收费准确性（　　）。

A. 非常满意　　　　B. 满意　　　　C. 一般　　　　D. 不满意　　　　E. 非常不满意

再次感谢您的宝贵意见和建议！

步骤三：发放调查问卷

徐丽需要选择调查的对象，并发放调查问卷。对于大多数企业来说，要进行全部客户的总体调查是非常困难的，也是不必要的，应该科学地进行随机抽样调查。根据需要选择适量的客户来参加客户满意度调查。发放调查问卷可以采用上门调查、电话调查、电子邮件等形式进行。

（1）上门调查。上门将调查问卷发放到客户手中，请客户根据实际情况填写，并及时回收。

（2）电话调查。通过给客户打电话，根据调查问卷的内容向客户进行提问，并记录客户的答案。

（3）电子邮件调查。将调查问卷通过电子邮件方式发给客户，邮件需注明回收时间。

步骤四：回收调查问卷

客户问卷填写完毕后，徐丽开始回收调查问卷。在回收的过程中，针对客户的疑问进行解答，并对其参与问卷填写表示感谢，可以在问卷回收的过程中，向客户发放小礼品来表示感谢。

步骤五：分析调查问卷

徐丽需要对所收集的客户满意度数据进行分析整理，对调查结果进行总结。对客户在调查中指出的"不满意""非常不满意"的问题进行深入分析。同时，对本企业存在误解的客户逐个沟通，并制订具体改进方案，必要时请相关部门人员协同拜访。

步骤六：改进计划和执行

在对收集的客户满意度信息进行分析后，长风快递立刻检查自身的工作流程，在"以客户为关注焦点"的原则下开展自查和自纠，找出不符合客户满意管理的流程，制订企业的改进方案，并组织企业员工进行相应培训并实行，以达到客户的满意。

任务评价

姓名				学号			专业			

任务名称			快递客户服务满意度调查							

考核内容		考核标准	参考分值	学生自评（10%）	小组互评（30%）	教师评价（60%）	考核得分
职业素养评价	1	具有团结合作的精神	10				
	2	具有良好的语言表达能力，能与客户进行有效的沟通	10				
	3	完成工作任务时认真负责的态度	10				
理论知识评价	4	了解客户满意度调查的相关概念	10				
	5	掌握客户满意度调查的方法	10				
	6	掌握客户满意度调查的流程	10				
	7	理解客户满意度调查过程的注意事项	10				
技能操作评价	8	能够对调查问卷进行设计	10				
	9	能够独立进行客户满意度调查	20				
总得分			100				

任务拓展

　　将学生分组，在教师的带领下通过网络和实地考察的形式为某快递企业做一个客户满意调查方案并实施。

　　首先根据该快递企业的客户服务内容，设计客户满意度调查问卷，并选择合适的形式对客户进行调查；其次对调查结果进行分析，撰写调查分析报告；最后对调查结果中存在的问题提出解决建议与方案。

　　教师对每组学生所设计的客户满意度调查问卷进行点评，并根据学生在调查中的表现进行点评和打分。

项目小结

　　通过项目一的学习，使学生了解客户回访的定义及重要性，熟悉客户满意度调查

常用的方法，掌握客户回访的主要方式和客户回访的具体流程，从而使学生能够正确填写客户回访登记表，并且按照客户满意度调查流程进行客户满意度调查工作，为企业提供改善产品与服务的品质依据，最终达到增强企业的市场竞争能力和企业盈利能力的目的，为整个课程的学习打下良好的基础。

🔍 实训练习

一、单选题

1. 下列选项不属于客户回访主要方式的是（　　）。

    A. 上门回访　　　　B. 电话回访　　　　C. 信函回访　　　　D. 例行回访

2. 下列选项不属于目前客户满意度调查通常采用的方法的是（　　）。

    A. 问卷调查　　　　　　　　　　B. 定性定量调查

    C. 访谈研究　　　　　　　　　　D. 二手资料收集

3. 下列选项不属于客户回访登记表的主要内容的是（　　）。

    A. 回访内容记录　　　　　　　　B. 遗留问题的跟踪处理

    C. 客户家族情况　　　　　　　　D. 回访方式

4. 下列选项不属于访谈研究的是（　　）。

    A. 内部访谈　　　　B. 深度访谈　　　　C. 焦点访谈　　　　D. 反思访谈

5. 做好回访准备工作后，采用（　　）的方式进行客户回访预约，通过与客户沟通确定回访具体的时间和地点。

    A. 电话预约　　　　B. 现场预约　　　　C. 网上预约　　　　D. 信函预约

二、判断题

1. 客户回访是企业用来进行服务满意度调查、客户需求行为调查、客户维系的常用方法。（　　）

2. 客户满意度是客户对企业的一种感受状态，并且在这种感受状态下更容易激发交易行为的发生。（　　）

3. 信函回访的方式包括普通邮寄和电子邮件形式。（　　）

4. 在进行客户回访前不必要主动与客户取得联系，可以直接进行回访。（　　）

5. 从一定角度说，测定客户满意度的目的是为了改善产品与服务的品质，为客户提供绝佳的客户体验，但最终的目的是为了达到增强企业的市场竞争能力和企业盈利能力。（　　）

三、简答题

1. 客户回访的内容主要包括什么？

2. 客户回访的具体流程是什么？

3. 什么是客户满意度？

4. 客户满意度调查需准备什么内容？

5. 客户满意度调查的流程是什么？

答案：

一、单选题

1. D　2. B　3. C　4. D　5. A

二、判断题

1. √　2. √　3. √　4. ×　5. √

三、简答题（略）